# Fragments

d'un

# Journal intime

PERMIS D'IMPRIMER :

*Paris, 6 août 1906.*

H. ODELIN,

V. G.

J. DE ROCHAY (JULIETTE CHAROY)

1840-98

D'après un portrait peint par elle-même.

J. DE ROCHAY

# Fragments
## d'un
# Journal intime

PRÉCÉDÉS D'UNE NOTICE BIOGRAPHIQUE

PARIS
Gabriel BEAUCHESNE & Cie, Éditeurs
ANCIENNE LIBRAIRIE DELHOMME ET BRIGUET
*Rue de Rennes, 117*



DÉPOT A LYON : *3, Avenue de l'Archevêche*

# NOTICE BIOGRAPHIQUE

## sur J. de Rochay

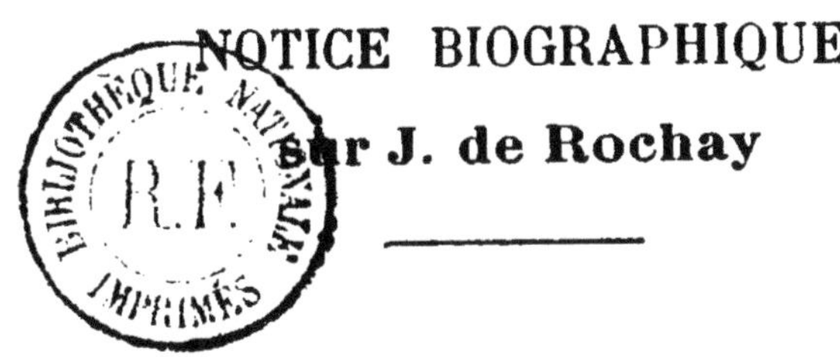


Si beaucoup de lecteurs, surtout dans le monde catholique, connaissent le nom de « J. de Rochay », très peu ont su quel écrivain se cachait sous ce pseudonyme. Personne n'a connu, ni soupçonné, dans l'existence monotone et retirée de Juliette Charoy, l'intensité de la flamme intellectuelle qui brûlait en son âme, et dont les pages qu'elle a publiées ne donnent qu'un pâle reflet. Il est juste de lever enfin, au moins en partie, le mystère où elle s'est enveloppée, et de fixer le souvenir d'une femme de lettres distinguée, à qui, pour briller parmi ses contemporaines, il n'eût fallu que plus de hardiesse et plus de confiance en elle-même.

A la vérité, elle a reçu déjà un hommage, autrement enviable et autorisé que le nôtre, dans l'article que M. René Bazin lui a consacré, quelques mois après sa mort. Cette notice doit commencer par la reproduction des lignes émouvantes du célèbre écrivain. Les voici, telles qu'elles ont paru dans un des premiers numéros du journal *le Pain*.

## UN SOUVENIR

*Tous ceux qui, de près ou de loin, ont pu observer le monde littéraire, savent combien est difficile la vie d'une femme de lettres. Aucune carrière peut-être ne soumet une débutante à plus de refus, de délais, de soupçons ; aucune ne s'annonce aussi pauvrement et ne mêle tant de fausse monnaie au peu d'or qu'elle fournit. Et lorsqu'elle se fait plus accueillante, une fois sur mille ; lorsqu'un commencement de succès répond à beaucoup d'esprit, de grâce, d'imagination et de vaillance, c'est alors qu'elle devient tout à fait dangereuse, et que l'auteur a besoin d'un tact merveilleux, pour demeurer une vraie jeune fille, une vraie vieille fille ou une vraie femme.*

*Il y a des exemples de ce phénomène, et ils sont extrêmement touchants.*

*Je me rappellerai toujours l'une de ces femmes de lettres, morte il y a quelques mois, et qui a laissé, pour le monde, une œuvre assez considérable, mais qui a laissé surtout, dans le cœur de ceux qui l'ont connue, un souvenir exquis. Elle a été pendant douze ans, de 1881 à 1893, le critique ordinaire de la* Revue du Monde catholique. *Sous le pseudonyme de J. de Rochay, elle écrivait des analyses de tous les romans nouveaux, ou de presque tous, sachant fort bien se tirer d'affaire quand le sujet était scabreux, pas pédante, pas sermonneuse, ferme toujours et coutumière de la note juste. On sentait, à la lire, qu'elle avait lu ce dont elle parlait — rare pudeur! — qu'elle possédait un fond d'instruction solide, une philosophie des littérateurs de son temps, et aussi le don qui vaut mieux que la science et qui va plus loin qu'elle : l'instinct de la vérité, la clairvoyance d'une âme chrétienne et droite. L'éloge n'allait jamais très haut. L'avenir était rarement escompté. Elle devait se défier, et pour cause, des débuts honnêtes et des promesses encore nouvelles.*

*J'allai la voir, pour la remercier d'un article qu'elle avait écrit sur un de mes premiers livres. Il est à peine besoin de dire qu'elle habitait la rive gauche, sur la plus sage frontière qui borde le Luxembourg, celle qui regarde l'occident. Dès qu'on m'eut ouvert le salon, je reconnus le bon intérieur bourgeois qu'on rencontre en France, de Marseille à Dunkerque et de Nancy à La Rochelle, le cadre des soirées intimes où l'on cause à petit bruit, en sûreté, parmi des portraits de famille, des tentures, des meubles, dont aucun n'est tout jeune et dont l'ordonnance elle-même est ancienne. Pas un bibelot n'entre là ; les souvenirs y demeurent seuls ; on devine le voisinage d'une âme capable de résister à une fantaisie. Quand cette simplicité de décor ne vient pas d'une absence de goût, mais d'une défense réfléchie contre l'universel entraînement, elle révèle une nature originale. Et Mlle de Rochay était bien, en effet, une nature originale, dans le meilleur sens du mot. Au premier aspect, on pouvait s'y tromper. Je me trouvai bientôt en présence d'une femme d'une quarantaine d'années, timide, dont la beauté n'était faite que de l'expression de deux yeux sombres, graves, qui regardaient droit devant eux. Elle parla peu de ses livres, de sa collaboration à des revues, de son métier d'écrivain ; il était facile de voir que tout rappel de sa personnalité littéraire blessait en elle une volonté très arrêtée de se compter pour rien. « Mon opinion n'a pas grande valeur, disait-elle ; je suis obligée d'être sincère et cela me coûte souvent, voilà tout. » Mais, dès que la conversation l'eut amenée à donner son sentiment sur des romans nouveaux, des auteurs, des écoles littéraires, sur ce qui n'était point elle-même, enfin, elle s'anima. Les yeux, que je n'avais pas vus sourire, eurent des lueurs plus vives, que maîtrisait presqu'aussitôt la crainte de ne pas être simple. La volonté chez elle était toujours attentive et vaillante. Le vrai sourire ne vint que tout à la fin, quand Mlle de Rochay me parla de nos amis communs, de sa propre famille, de son rôle de sœur et de fille dans la maison, et je vis clairement que cette femme qui dépensiat beaucoup de force et d'esprit pour sa mission du dehors, était plus jalouse encore de ne point manquer à l'autre et d'être une douceur au foyer.*

*Elle savait la littérature allemande aussi bien que la nôtre, et elle avait le don, assez peu commun, de bien traduire. En dehors de ses articles de critique qui n'ont pas été, je crois, réunis et réimprimés, son œuvre ne compte pas moins d'une vingtaine de volumes, les uns traduits, les autres adaptés de l'allemand, histoires pour les enfants, récits de voyages, biographies de femmes catholiques allemandes, biographies du musicien Joseph Haydn et du grand chancelier Pierre des Vignes, etc. Elle avait vu combien est pauvre, en ce moment, pauvre d'idées surtout, la littérature des journaux et des livres destinés aux enfants. Et elle s'était préoccupée, autant qu'il était en elle, de combler cette lacune en puisant dans le fonds de nos voisins. A-t-elle réussi ? Les ouvrages qu'elle a traduits ont-ils tout ce que n'ont pas ou n'ont pas assez les ouvrages similaires écrits par des Français ? Il y en a de très heureusement choisis. C'est tout ce que je veux dire. Car mon intention n'est autre que de montrer l'esprit de dévouement, l'ingénieuse charité, la constante pensée d'être utile qui inspira jusqu'au bout J. de Rochay. Là est l'unité et vraiment la beauté de cette vie humble.*

*La dernière preuve en est récente encore. Lorsque mourut cette femme de bien, en juin dernier, elle laissait en manuscrit la traduction d'un important ouvrage du P. Augustin Rosler, intitulé:* La question féministe, examinée au point de vue de la nature, de l'histoire et de la révélation. *Le livre a paru, cette année, chez Perrin. C'est une œuvre moitié philosophique et moitié historique, sensée, souvent curieuse par ce qu'elle nous apprend de l'état de la question en Allemagne, et où le souci de conserver à la femme son vrai domaine qui est le foyer, n'exclut pas certaines critiques de la société actuelle, et certains vœux de réforme. Mais l'introduction qu'y a mise la traductrice me semble plus remarquable que l'ouvrage lui-même, par la vigueur de la pensée, par sa netteté, par la juste liberté de cette femme qui sort, pour une fois, de sa timidité naturelle, et s'émeut de la souffrance des autres. Il suffit de parcourir ces quarante pages, pour juger la vigueur de cet esprit réfléchi, sa grande lecture, sa foi, son audace prudente et mesurée. J. de Rochay n'a rien d'une socialiste ; elle n'a rien non plus d'une rétrograde. Mais elle est femme, elle a souffert, elle a vu souffrir, et elle demande ce qu'on peut raisonnablement demander : « Il existe en France, dit-elle, environ 1,800,000 femmes non mariées, de vingt-cinq à soixante ans. Qu'on y joigne les veuves, les femmes abandonnées, et celles qui sont contraintes de travailler pour augmenter les ressources du ménage, et l'on aura une idée du nombre des malheureuses qui, dans notre pays, se disputent le peu de places ou d'emplois laissés à leur disposition. C'est à ces femmes isolées, obligées de se suffire, qu'il faudrait accorder largement la liberté du travail, fournir de l'ouvrage, offrir des associations de secours mutuels. Pourquoi la femme riche, quelquefois elle-même sans famille, ne se liguerait-elle pas avec ses sœurs malheureuses, pour les soutenir, les défendre, leur aplanir les difficultés de la vie ? Pourquoi ne s'emploierait-elle pas, de préférence, à soulager ces pauvres filles, vieillies dans le labeur et les privations, restées héroïquement honnêtes, parmi les tentations et les périls ; pourquoi ne leur assurerait-elle pas enfin le secours, trop souvent refusé, sous prétexte de leur solitude même ?* »

En fermant le volume, il y a quelques semaines, je songeais que les yeux graves, dont l'éclat m'avait frappé, avaient dû bien souvent et depuis longtemps suivre ce rêve que l'écrivain n'osait pas exprimer ; je songeais que cette profondeur de regard lui venait sûrement d'avoir vu la douleur toute proche, la sienne ou celle des autres. Qui saura quelles épreuves ou quelles pitiés cachent certaines pages des livres? J'avais entendu dire aussi que, dans les papiers de J. de Rochay, on avait trouvé, sur une feuille *blanche, ces trois mots* : O mors desiderabilis ! *Et j'admirais cette dévouée, cette humble et cette laborieuse, qui n'a parlé qu'une fois d'elle-même, et ne l'a fait qu'en s'en allant*[1].

Si maintenant nous osons ajouter quelque chose à cet éloge, c'est surtout pour apporter aux appréciations et aux divinations pénétrantes qu'il contient, les confirmations et les précisions des notes intimes de « J. de Rochay ».

Marie-Juliette Charoy est née le 5 février 1840, à Sermaize-sur-Saulx (Marne), dans la partie de la Champagne qui confine au Barrois. Par ses parents elle tenait à la fois de la Champagne et de la Lorraine. Paris, qu'elle habita depuis l'âge de vingt ans, ne lui fit jamais oublier son pays natal ; et, jusque dans ses dernières années, sa rêverie la reportait aux prés verts arrosés par la Saulx et la Laume, et aux bois ombreux où elle avait, enfant, cherché des fleurs et écouté le bruissement mystérieux du feuillage des grands arbres[2].

Juliette avait une nature d'artiste que les siens jugèrent devoir cultiver, en lui faisant prendre les leçons des peintres célèbres de Paris. Elle fréquenta spécialement l'atelier de M. Paul Flandrin. Les

1. Journal *Le Pain*, 1re an., n° 21 ; 15 avril 1899.
2. Voir son *Journal* à la date du 29 avril 1873, ci-après p. 17.

essais conservés de sa main, copies de chefs-d'œuvre religieux, portraits de famille, y compris son propre portrait dont on voit la gravure en tête de ce volume, etc., témoignent de réelles qualités. Mais la plume lui fit bientôt négliger le pinceau. Ses études d'atelier contribuèrent, du moins, à développer chez elle le don de saisir vivement et de décrire, d'un trait toujours net et précis, le type des figures et les aspects divers des paysages qui passaient sous ses yeux.

L'intelligente mère de Juliette voulut se charger de son instruction ; c'est donc aussi Mme Charoy qui eut le mérite de sa première formation littéraire. La vocation de l'enfant se révéla de bonne heure : on a gardé dans sa famille le souvenir d'une petite composition où, fillette de sept ou huit ans, elle racontait une visite faite à des pauvres, trahissant en même temps son attrait littéraire et la pitié qu'elle eut toujours pour les misérables. A quinze ou seize ans, elle imaginait, pour l'égayement de sa sœur plus jeune de sept ans, de lui faire écrire une longue série de lettres par ses poupées, dotées, à cet effet, de noms et de positions sociales variées : dans cette correspondance, très ingénieusement soutenue, la délicatesse des sentiments et le goût juste n'apparaissaient pas moins précoces que la finesse d'observation et la dextérité de plume.

Juliette a dû commencer aussi de bonne heure à rédiger ces « cahiers », qu'elle a laissés en si grand nombre (quoiqu'elle en ait détruit), où elle notait les incidents de chaque jour, avec les impressions qu'elle en avait reçues, et ses réflexions sur tout ce qu'elle avait vu, lu ou entendu. Dans celui où nous avons rencontré la date la plus ancienne (1865), mais qui ne fut pas le premier, elle dit déjà : « Quand je trouve un petit moment, je me mets a écrire ; car j'ai pour tyran un petit monstre de plume qui jamais ne se lasse et auquel il faut une incessante pâture. » Elle ne songea pas, de longtemps, à écrire pour d'autres : le cahier que je viens de citer porte cette épigraphe : *Mihi et non aliis*. Cependant les notes rédigées au cours d'un voyage en famille, s'échappèrent dans un petit cercle ami et furent vivement goûtées. Encouragée à continuer, Juliette hésita quelque temps entre deux sentiments. Le premier, elle l'exprime ainsi dans son journal, le 17 novembre 1868 : « Écrire quelque chose, puis le voir imprimé, et songer qu'on le lit et que les pensées qui sont nées dans votre âme vont toucher, remuer, égayer ou émouvoir d'autres âmes... comme cela est beau !... c'est mon rêve. » Mais elle était retenue en sens contraire par la réserve naturelle, si belle à la femme, et ce sentiment fut toujours d'une délicatesse extrême, presque excessive, chez Juliette Charoy. Elle a lu les lignes « terribles » de Cousin sur la femme auteur, et bien qu'elle sache que ce « grand esprit » a « commis plus d'un paradoxe », ce qu'il dit de l'incompatibilité de la profession littéraire avec la pudeur féminine « l'effraie, parce qu'elle trouve tout cela juste ».

Ce fut, paraît-il, l'abbé Bourret, alors professeur à la Faculté de théologie (Sorbonne), depuis évêque de Rodez et cardinal, qui contribua le plus à lever ses scrupules et l'enhardit à suivre son attrait. Avec le caractère de Juliette, et surtout avec les principes chrétiens reçus de sa première éducation, et qu'elle ne fit qu'enraciner dans son âme, il n'était pas à craindre qu'elle mésusât jamais de sa plume.

L'œuvre imprimée de Juliette Charoy se compose de vingt-cinq à trente volumes et d'un grand nombre de contributions à divers périodiques religieux [1]. La plupart de ces publications appartiennent au genre des *récits*, allant depuis le petit conte moral pour enfants jusqu'au récit historique sous forme populaire, en passant par la légende et la nouvelle, et touchant à peine au roman. Mais les articles de critique forment une part importante, et la plus personnelle, de ce que le public a connu des travaux de Juliette.

Familiarisée avec la langue et la littérature allemande, à un degré rare chez les Françaises et même chez les Français élevés avant 1870, Juliette Charoy

1. Voir la bibliographie à la suite de cette notice.

a emprunté le plus souvent ses récits à l'Allemagne. Elle avait été, dès l'abord, séduite par le charme de ces légendes, de ces contes et récits populaires, qui comptent parmi les joyaux de la littérature d'outre-Rhin. Elle le subit plus profondément encore, quand, sortant pour la première fois de France, en 1865, et visitant la partie la plus pittoresque du pays de Bade, elle rencontra, non seulement des sites tout nouveaux pour elle, mais encore ces ruines de châteaux, d'églises et de monastères, que les souvenirs pieux ou mondains, gracieux ou tragiques qu'elle y trouvait attachés, permettaient à son imagination de relever et de repeupler. Elle écrivait alors dans son cahier : « Ah ! si je m'écoutais, je passerais tout mon temps à lire et à copier ces vieux récits du moyen-âge. Sur cette terre allemande, sur ces ruines voilées de lierre, sur ces roches à la tête grise, dans les branches touffues des pins, dans l'ombre parfumée des forêts, on sent passer comme un souffle harmonieux, semblable à la dernière vibration d'une musique éloignée ; c'est l'esprit des *Saga* murmurant dans l'espace les récits des vieux âges. On passerait des jours entiers à l'écouter... »

Cet enchantement n'émoussa en rien chez elle la fibre patriotique et ne l'empêcha pas, un peu plus tard, de sentir et de goûter aussi vivement l'impression des vieux souvenirs dans nos provinces de France : par exemple, en Bretagne. Il en résulta néanmoins que les récits de Juliette Charoy sont en majeure partie des traductions, des adaptations ou des imitations de l'allemand.

Elle a choisi, avec intelligence et goût, dans l'abondance qui s'offrait, des œuvres imprégnées d'une sensibilité saine ou de la bonne humeur paisible propre à la race germanique, enveloppant dans une action simple, quoique intéressante, de graves leçons morales, et n'excitant que les émotions qui élèvent l'âme.

Quelques-unes traitent sous forme populaire des épisodes de la grande histoire. A cette catégorie appartiennent : *Un grand chancelier* (*Pierre des Vignes*); les *Sorciers de Würzbourg*; *Charitas* (*Pirkheimer*). En traduisant ces volumes, Juliette Charoy contribuait de sa part à l'apologie de l'Église et, par les deux derniers notamment, à la défense des ordres religieux, dont l'assaut commençait.

Elle a traduit peu de romans proprement dits, et, bien entendu, elle s'est bornée aux plus honnêtes. Le roman moderne, qui n'est qu'une analyse de passions souvent inavouables, lui fut toujours profondément antipathique.

Son talent de traduction n'était pas ordinaire ; les meilleurs juges l'ont loué. Ainsi M. Wescher, l'éminent philologue, membre de l'Académie des Inscriptions et Belles-Lettres, après avoir lu un morceau traduit qu'elle avait donné au journal la *Défense*, chargea sa sœur de la féliciter, témoignant qu'il avait « retrouvé dans sa phrase un peu du rythme mélancolique de cette langue (allemande) si différente de la nôtre et si difficile à rendre [1]. »

D'autre part, les traductions de Juliette Charoy sont si françaises et si coulantes, qu'en les lisant — on le lui a dit plus d'une fois — on croyait lire une œuvre originale. De fait, elle ne se contentait pas, dans son interprétation, de cette exactitude matérielle, servile, où l'auteur étranger n'est guère mieux servi que par une traduction infidèle. Elle commençait par repenser, en quelque sorte, l'ouvrage qu'elle voulait rapprocher des lecteurs de son pays ; puis le recomposait, pour ainsi dire, en français, avec le souci constant d'en faire valoir toutes les meilleures qualités.

Plus d'un de ces livres allemands, qu'elle a traduits avec tant de soin, a singulièrement gagné en recevant de ses mains le vêtement français. Et cela sans parler des préfaces, des notes qu'elle y a souvent ajoutées à titre d'éclaircissement, de confirmation utile, et parfois de correctif ; car elle ne voulut jamais prêter sa plume qu'à la diffusion du vrai, du beau et du bien sans mélange.

Elle a mis encore plus d'elle-même dans d'intéressantes biographies, surtout dans celles des célèbres femmes poëtes, Louise Hensel (1798-1876) et

1. Voir une fine appréciation de la langue allemande dans les *Fragments*, p. 24.

Annette de Droste-Hülshoff (1797-1847), et d'une héroïne de condition plus modeste, Marguerite Ferflassen (1807-1845). Elle a étudié et peint ces âmes d'élite, « âmes suaves et vaillantes », avec tout son cœur, parce qu'elle retrouvait en elles beaucoup de son âme et de sa vie intérieure. Et elle désirait diriger cette fièvre d'imiter les Allemands, qui a sévi chez nous après 1870, vers les types les plus sympathiques et les plus purs de l'Allemagne catholique.

Toutes personnelles sont les impressions que Juliette a consignées dans ses « cahiers » au cours de ses voyages de vacances. J'ai déjà parlé de son rare talent descriptif ; on pourrait en juger par les notes du voyage en Suisse, qu'elle a publiées, d'abord dans une petite revue religieuse; puis, avec d'autres morceaux, dans un volume de la collection Saint-Michel, qui après plus d'un quart de siècle, mérite encore d'être lu [1]. Plusieurs des fragments qu'on trouvera ci-après, rendront également sensible ce don de voir et de fixer d'un pinceau délicat le beau dans la nature. On y admirera sans doute aussi avec quelle aisance, de la contemplation esthétique, l'artiste chrétienne s'élève aux vues spirituelles, souvent les plus hautes. Les mêmes qualités se font remarquer dans les notes inédites qu'elle a laissées sur ses excursions en Bretagne, en Normandie,

1. *L'Écho de Saint-Michel*, Paris, 1880.

dans le centre et le midi de la France, en Belgique.

Mais, en dehors de ses « cahiers », Juliette Charoy a mis sa touche individuelle surtout dans ses articles de critique. Elle débuta en ce genre, timidement, dans l'*Indicateur des bons livres*, très modeste organe de l'œuvre de Saint-Michel, qu'elle rédigea quelque temps presque seule, par dévouement [1]. En 1881, M. Eugène Loudun lui offrit dans la *Revue du monde catholique*, qu'il dirigeait, une place mieux en vue. Depuis son premier article, que ce périodique publia en mars 1881, elle lui

1. Elle signa une partie des morceaux qu'elle donna à l'*Indicateur* du nom de *Saint-Eugent*, qui rappelle une ancienne abbaye des environs de Sermaize. Un ami de sa famille composa un jour sur ses noms de guerre l'aimable badinage que voici :

De Rochay, Charoy, Saint-Eugent,
Triade mystique,
Sait-on quel est le plus charmant ?
L'un ami sûr et complaisant,
L'autre conteur humoristique
Et le troisième fin critique.
Triade mystique
Qui répand sur l'*Indicateur*
Ce triple charme séducteur :
La verve, l'esprit et le cœur.
Sait-on quel est le plus charmant
De Rochay, Charoy, Saint-Eugent ?

C'est, je crois, dans *le Foyer*, autre revue de récréation, qu'elle avait signé pour la première fois *J. de Rochay* (anagramme de Charoy) ; elle a aussi l'une ou l'autre fois signé *Jaled* (modification de son nom Juliette).

donna tous les deux ou trois mois, pendant quinze ans, une *Revue littéraire* signée *J. de Rochay*. Après quelques bulletins consacrés à des livres nouveaux de toute sorte, M. Loudun, très satisfait, la pria de s'occuper spécialement des romans.

Il lui fallut surmonter bien des répugnances pour se vouer à l'examen *ex professo* de cette catégorie de productions. Et elle fut plus d'une fois sur le point d'abandonner cette besogne, où la tourmentait un sentiment exagéré de son insuffisance, quand elle n'était pas dégoûtée par les « abominations » qu'elle se voyait trop souvent obligée de lire. Elle la continua néanmoins, au grand profit du public de la Revue.

Par le fait, elle était merveilleusement préparée pour la fonction de critique. On vit, dès ses débuts, qu'elle y apportait, avec la fermeté des principes religieux et la délicatesse du sens moral, un rare ensemble de connaissances sur toute sorte de sujets et un goût littéraire très sûr. Aussi ses jugements, visiblement frappés au coin d'une vraie compétence, gagnèrent-ils bientôt l'estime des connaisseurs. Ils donnèrent occasion à M. René Bazin, alors déjà un de nos écrivains les plus aimés, de dire à M. Loudun : « J'ai lu bien des chroniques ou bulletins ou comptes-rendus bibliographiques : je n'en connais pas, dans la presse catholique, qui soit plus judicieusement écrits que ceux de votre Revue ». Et le même caractérisait admirablement la « manière » de J. de Rochay, en témoignant qu'il la trouvait « vigoureuse, concise, pleine de sévérités justes et cependant pas prude, inaccessible à la réclame, d'un bon style d'*homme* et d'une belle foi chrétienne qui gouverne tout sagement en elle ».

On a fait souvent compliment à Juliette Charoy de son style d'*homme* : on n'est pas accoutumé, en effet, à rencontrer sous la plume d'une femme une pensée si ferme et si logique, avec une expression si juste et si précise. Parmi les femmes du grand siècle cela était plus fréquent, et c'est aussi à ces femmes remarquables que Juliette Charoy faisait penser ceux qui la lisaient.

Il était, en tout cas, bien loin de deviner une main féminine, dans la correction infligée à son livre, le romancier qui répondait à J. de Rochay par une lettre équivalant presque à une provocation en duel. D'autres encore ont pu se plaindre plus ou moins de sa franchise, qui refusa toujours de sacrifier les droits de la vérité « à la vogue, à la camaraderie ou à la réclame » ; mais personne n'a pu incriminer sa scrupuleuse justice. Et puis elle était si empressée, d'ordinaire, à joindre quelque baume aux blessures qu'elle faisait ! Presque toujours la femme faisait sentir sa main sous la plume d'*homme*, en présentant la critique moins comme un reproche que comme un regret, une plainte, et mêlant à des sévérités motivées tous les éloges qu'elle pouvait accorder à quelque partie de l'œuvre censurée. Aussi J. de Rochay a eu le plaisir de voir des écrivains, même illustres, accepter, non seulement de bonne grâce, mais avec reconnaissance, ces rigueurs assaisonnées de tant de bienveillance [1].

En se reportant à cette longue suite de *revues des romans nouveaux*, on y retrouve, au milieu d'une foule de noms inégaux en lustre, ceux des contemporains les plus fameux en ce genre, et l'on ne peut qu'admirer la justesse avec laquelle ils sont caractérisés, au point de vue moral avant tout, mais aussi au point de vue littéraire.

Les personnes qui ne lisaient pas la *Revue du monde catholique*, il y a une quinzaine d'années, verront volontiers ici un bref spécimen de cette « manière », que l'on qualifiait si bien tout à l'heure. Voici le début de l'article sur le *Disciple* de M. Bourget.

« Le Disciple. *Ce livre qui a déjà fait tant de bruit, et que plusieurs proclament un livre de haute portée philosophique et morale, est-il, oui ou non, un bon livre ? nous demandent certains lecteurs, fatigués des compromis de la grande critique, si sujette, disent-ils, aux complaisances*

1. Voir le *Journal* à la date du 9 avril 1883, p. 122. — Sur les principes dont s'inspirait sa critique, lire aux dates du 23 février 1888 et de 1893, p. 197 et suiv.

*de la camaraderie. Leur donner une réponse en termes aussi catégoriques serait difficile. Certes, nous ne conseillerions pas* le Disciple *aux bonnes et ferventes chrétiennes, ni à leurs très jeunes fils dont la foi n'a point encore été éprouvée et qui restent encore sous l'égide de la famille. Mais M. Paul Bourget dédie son œuvre aux jeunes hommes lancés dans le « train » du siècle, « à ceux qui ont plus de dix-huit ans et moins de vingt-cinq », et qui vont dévorant tant d'ouvrages malsains. A ceux-là, sous certains rapports, cette lecture pourra être salutaire. Ces jeunes hommes, M. Paul Bourget le leur rappelle éloquemment, ils devraient être l'espoir de la France, « ils sont la patrie elle-même ! » S'ils se perdent, ils perdent en même temps le pays... Le siècle qui s'achève en a fait « des cyniques et des jouisseurs, ou des sceptiques et des nihilistes ». Ces derniers, plus que les autres encore, inquiètent M. Bourget, car « leur corruption est bien plus profonde, car le bien et le mal, la beauté et la laideur, le vice et la vertu ne leur paraissent que des objets de simple curiosité, l'âme humaine ne les intéresse que comme une mécanique savante, livrée à leurs expériences ; car leur culte unique est celui du moi. » Le romancier, ou plutôt le penseur, cherche à les arrêter sur cette pente effrayante. Peut-être se fera-t-il écouter par quelques-uns d'entre eux, qui n'accepte-*

*raient pas un avertissement donné sous une autre forme, ou venu d'ailleurs...*

Après une analyse assez détaillée du roman, J. de Rochay termine :

*Ainsi, M. Bourget, comme M. Ohnet, dans* le Docteur Rameau, *conclut en indiquant un retour nécessaire vers le spiritualisme ; ce thème ne les a ni l'un ni l'autre mal inspirés.* Le Disciple *restera parmi les œuvres les plus achevées de l'auteur, la meilleure, assurément, de celles qu'il a jusqu'ici données au public* [1].

Malgré les scrupules, que lui causa parfois cette tâche dont elle s'acquittait si bien, Juliette Charoy avait pris véritablement goût à la critique littéraire. Elle l'avoue dans son « petit cahier », et en donne une raison : elle y trouvait à satisfaire son besoin d'activité intellectuelle ; « comme je n'ai personne, écrit-elle, avec qui je puisse discuter, j'aimais cette lutte corps à corps avec le livre, avec les idées d'autrui, me provoquant, me répondant ; rompant le grand silence de ma vie intellectuelle par une voix qui n'était pas toujours ma propre voix. »

On peut ajouter sûrement qu'elle y aimait surtout l'occasion d'affirmer et de défendre des convictions qui lui tenaient au cœur plus que tout. Secouant sa timidité naturelle, pour sa foi,

1. *Revue du monde catholique,* 1er septembre 1889, p. 492-495.

pour l'Église et la France, elle s'exaltait jusqu'à devenir belliqueuse : avec quelle vigueur elle relevait les attaques contre ces objets sacrés de ses plus chères affections !

Dans les dernières années de sa vie spécialement, Juliette Charoy s'occupa beaucoup de la question *féministe*. Elle n'avait nulle sympathie pour les avocates de l'émancipation des femmes [1] ; mais elle faisait depuis longtemps du meilleur féminisme, comme en ont toujours fait les chrétiennes charitables, par la pratique des œuvres de miséricorde spirituelle et corporelle ; et les misères qu'elle s'était efforcée de soulager, l'avaient parfaitement éclairée sur ce qui était juste dans certaines revendications.

Elle était particulièrement touchée de la situation pénible de tant de femmes isolées, sans famille, sans appui, souvent sans ressources. Elle rêvait de les voir former entre elles des associations, où les plus riches aideraient les autres de leur fortune, tandis que toutes y trouveraient des relations amicales, leur compensant dans quelque mesure l'absence de famille. Ce seraient donc, comme elle s'exprimait elle-même, « des sociétés de secours mutuels au sens moral et au sens pratique du mot. »

1. Voir le journal à la date du 10 mai 1895, p. 30 ci-après.

Ayant appris, au commencement de juin 1893, que Mlle Firmin-Didot s'occupait de créer une société de ce genre pour les « vieilles filles », Melle Charoy lui écrivit cette lettre qui, sous une forme parfois humoristique, est presque un mémoire sur la question :

*Mademoiselle,*

*Quoique je n'aie point été invitée à faire partie de l'association des* filles chrétiennes *(un autre mot serait préférable, mais il est difficile à trouver), je n'en applaudis pas moins à votre entreprise.*

*C'est une généreuse pensée que de vouloir grouper sous le patronage de Sainte Catherine, celles que les circonstances, le devoir ou la vocation ont isolées dans la vie ; de vouloir qu'elles n'aient plus ni à rougir, ni à pleurer en épinglant le voile virginal de leur sainte patronne...*

*Aujourd'hui, s'établissent partout des asssociations, des alliances, des fédérations, des ligues, des sociétés coopératives, des syndicats ; aujourd'hui, on prétend régner par les grèves. Mais qui s'inquiéterait de la grève des vieilles filles ?*

*Nous ne pouvons nous unir qu'en vue du bien, forçant par nos vertus les gens du monde à reconnaître qu'à côté des services matériels, il en est de plus élevés dont profite également la société. Les religieuses obtiennent quelquefois cet aveu :*

*à nous de le provoquer dans une autre sphère d'action. Nous devons être aussi le sel de la terre, qui empêche la masse de se corrompre, les gardiennes de l'idéal, comme ces prêtresses antiques gardiennes de la flamme pure à laquelle venait s'allumer chaque foyer.*

*Grande et belle vocation! Celles qui ne l'embrassent pas volontairement ou, du moins, volontiers, sont-elles dignes de compter parmi la phalange de sainte Catherine? Oui, sans doute, au nom de la charité. La société qui s'organise ne sera-t-elle pas une espèce de société de secours mutuels, où les plus riches en joie, en courage, comme en argent, mettront leur avoir à la masse commune?*

*Vous n'avez pas prétendu, je le suppose, réunir les filles de Sainte-Catherine seulement par les liens spirituels, les pieuses confréries étant assez multipliées pour satisfaire toutes les dévotions. A notre époque, il faut s'occuper des conditions matérielles de la vie, alors même qu'on cherche surtout à atteindre les âmes.*

*En ce qui regarde les femmes particulièrement, les vices de notre organisation sociale sont si grands, que la charité doit s'en émouvoir.*

*Dans le cercle fort restreint de mes relations, je compterais, sans peine, au moins soixante célibataires: les unes très à leur aise; d'autres ne conservant des dehors bourgeois que par un miracle d'économie ; d'autres encore, absolument dénuées de ressources. Comment celles qui sont riches, au lieu de dépenser leur fortune à des riens ou de la laisser gaspiller par des domestiques, ne songent-elles point à venir en aide à leurs sœurs malheureuses? Comment l'une d'elles n'a-t-elle pas encore eu la pensée de fonder une retraite spéciale au profit des pauvres vieilles filles honnêtes, laborieuses, qui, après s'être longtemps dévouées pour les autres, succombent sous le poids de la vieillesse et des infirmités?*

*Votre œuvre remplirait probablement cette lacune, indiquant aux unes le bien à faire, allant chercher les autres au fond de leur misère et de leur abandon.*

*Mais laissez-moi rêver quelque chose encore : un palais — puisqu'à Chicago on construit des palais pour les femmes, — un palais de Sainte-Catherine, où l'on ne serait reçue qu'après 35 ans, par exemple! autrement on nous accuserait de favoriser le célibat, et par conséquent de contribuer à la dépopulation du pays, à la démoralisation masculine, etc. Vraiment comme si les théoriciens actuels pouvaient se plaindre, si les honnêtes femmes refusaient ce qu'ils leur offrent à la place du mariage, sous prétexte d'émancipation.*

*Revenons à notre château en Espagne. N'avait-*

*il pas été question de rétablir le Béguinage ? On a poussé les hauts cris. Les béguinages avaient du bon pourtant, ils s'accommoderaient mieux que les chapitres de chanoinesses avec nos idées démocratiques. Par sainte Begga, leur fondatrice, ils remontent au grand empereur Charlemagne. Paris possédait jadis son béguinage; on conserve encore les sermons d'une grande maîtresse des béguines parisiennes, qui parlait au peuple mieux et plus sagement que ne le savent faire nos doctoresses et nos oratrices de clubs. Laissons le mot néanmoins, puisqu'il prête aux plaisanteries, mais tâchons d'imaginer l'équivalent de la chose. — Une maison de famille pour celles qui n'en ont plus, une retraite, une* résidence, *où les filles de Sainte-Catherine pourraient se fixer à demeure ou séjourner temporairement, et où les sœurs du dehors viendraient se réunir; où l'on s'entendrait, où l'on se soutiendrait et s'encouragerait mutuellement, où l'on se retremperait dans de fraternels entretiens... Un établissement construit par nous, dirigé, tenu par nous, orné des œuvres de notre pinceau, de notre crayon, de notre ébauchoir, de notre aiguille; où se trouverait une bibliothèque choisie par nous et pour nous ; où se publierait même une revue alimentée de nos articles. Ne conviendrait-il pas, en effet, que, sous le patronage de la savante chrétienne d'Alexandrie, notre asso-*

*ciation s'efforçât d'étendre son influence sur celles de nos sœurs tous les jours plus nombreuses, qui cherchent à se créer des ressources ou des distractions par les arts et la littérature, et qui sur un terrain glissant vont trop souvent aboutir à la libre-pensée ou s'enrôler dans le laïcisme officiel ?*

*Mais je m'arrête, un plan comme celui-là demanderait d'autres développements. — On m'a dit que pour entrer chez vous, j'avais l'esprit trop positif : je viens de vous prouver suffisamment le contraire... Mon rêve, je le sais, est peu réalisable.*

*Quoi qu'il en soit, puissent sainte Catherine et sainte Begga bénir votre entreprise ! Puissiez-vous, Mademoiselle, rassembler, dans une pieuse confraternité, celles auxquelles manquent trop souvent*[1] *, puissiez-vous assurer un secours efficace à celles dont le monde néglige la vieillesse et dont la pauvreté n'intéresse guère ! Mieux encore, puissiez vous ramener à la foi, à l'espérance chrétienne tant d'âmes qui, elles surtout, en ont besoin pour s'expliquer l'énigme douloureuse de la vie et pour en supporter l'épreuve !*

Plus tard, M^lle^ Charoy a exprimé ses idées sur

1. Il doit y avoir un mot ou deux d'oubliés ici dans la minute que nous transcrivons.

toute la question féministe, dans l'*Avant-propos* qu'elle a donné à sa traduction d'un important ouvrage allemand sur ce sujet [1]. M. René Bazin, on l'a vu, jugeait cet avant-propos, dans sa brièveté, « plus remarquable » que le livre lui-même. Et un autre critique autorisé y voyait tracés « avec beaucoup de netteté et de vigueur le programme, les limites, les droits et les devoirs du féminisme raisonnable [2] ».

L'ouvrage est d'ailleurs très bien traduit, comme elle en avait l'habitude ; et, si elle a cru devoir l'alléger de quelques développements de polémique, elle l'a enrichi de notes qui prouvent l'étendue de ses études.

Il reste à parler du journal intime ou, comme elle-même l'appelait, du « petit cahier », dans lequel Juliette Charoy a fait si régulièrement, durant plus de trente ans, la revue de ses journées, quant à sa vie intérieure, plus encore que pour les incidents extérieurs.

1. P. Augustin Rösler, *La question féministe examinée au point de vue de la nature, de l'histoire et de la révélation.* Traduction de J. de Rochay. Paris, Perrin, 1899. In-16 de 406 p. dont 28 pour l'Avant-propos de la traductrice. — Les fautes, qu'on trouve surtout dans les noms propres de ce volume, ne doivent pas être mises à la charge de J. de Rochay, morte avant d'avoir pu corriger les épreuves.

2. P. Burnichon, dans les *Études* publiées par les Pères de la Cie de Jésus, 5 février 1899, p. 408.

C'est là qu'elle a répandu son âme, et c'est là surtout que se révèlent l'étonnante activité intellectuelle, la hauteur de pensées, la noblesse et la pureté de sentiments qu'il y avait dans cette âme.

On n'y trouve pas de « révélations « piquantes, pas de « roman intime » : Juliette, qui s'était promis devant Dieu, dès sa première jeunesse, de ne donner son cœur à aucun homme et qui garda cette résolution sans regret, n'eut pas de roman dans son existence si bien ordonnée.

Il ne pouvait être question de publier ce long journal en son entier. Mais on croit en avoir donné assez, dans les extraits qui suivent, pour que ceux qui connaissaient déjà Juliette Charoy l'apprécient encore mieux, l'estiment encore davantage ; et pour que les autres ne puissent refuser leur sympathie à cet esprit à la fois si viril et si délicat, à ce cœur qui a connu toutes les émotions généreuses, à ce talent d'écrivain si souple, qui se meut si aisément dans les sujets les plus gracieux comme dans les plus sévères.

C'est surtout la chrétienne qu'on y admirera, bien que la chrétienne, assurément, n'y fasse point tort à la femme de lettres. Chrétienne non à demi, mais intégrale, connaissant merveilleusement sa religion et la prenant tout entière, sans compromis ni dans la foi ni dans la pratique ; sachant aussi la défendre avec une rare maîtrise de pensée et de style.

Tous ses lecteurs ratifieront, croyons-nous, le jugement que formulait encore M. René Bazin, au sujet de ces fragments : « Voilà une bonne tête et un grand cœur, une femme humble et très brave, qui n'a peur ni des idées qu'elle s'est préparée à combattre, ni des hommes, ni des dignités simplement humaines. Voilà un esprit clair, qui voit bien l'objection, qui l'étudie, s'approche d'elle et voit que ce n'était, comme toujours, qu'un fantôme bien habillé, bien peint par les costumiers ordinaires de l'erreur. Elle a des mots délicieux. C'est mieux que de la littérature, c'est une âme vivante, souffrante, triomphante dans la lutte sans cesse renouvelée, c'est une âme tendre et forte surtout. »

Certes, ce n'est pas ici l'œuvre plus grande, plus durable, qu'elle aspirait parfois à produire ! Et l'on peut regretter qu'elle n'ait pas rencontré le conseil, l'inspirateur, qu'elle appelait de ses vœux, et qui eût mis ses riches facultés en mouvement pour cette œuvre. Mais le petit volume sans prétention qui paraît aujourd'hui, ne laissera pas, nous l'espérons, de réaliser quelque peu ce qui était toute son ambition, à savoir de faire aimer ce qui était ses uniques amours, l'Église, la France, l'idéal chrétien.

Un point est à relever. On sentira dans plus d'un de ces extraits une vive préoccupation des questions de la Providence et de l'existence du mal. Là, il y a une vraie révélation d'âme. Les misères et les souffrances de l'humanité, spécialement celles dont elle était témoin dans ses visites charitables, les épreuves de l'Église, de la papauté, des congrégations religieuses persécutées, la guerre faite par les gouvernements athées à l'idée chrétienne, non seulement affligeaient Juliette Charoy d'une douleur qui pesait presque constamment sur son cœur généreux (ses « cahiers » en font foi) : ces manifestations de la puissance du mal dans le monde devenaient pour elle une cause d'angoisses et de véritables tortures morales.

Comment accorder un tel pouvoir du mal avec la Providence, avec la sagesse, la bonté de Dieu ? Elle cherchait anxieusement une réponse, et, n'en trouvant pas d'évidente, tout en adorant humblement le mystère des voies divines, elle sentait de terribles doutes revenir sans cesse, malgré elle, assaillir sa foi, comme le flot de la mer revient battre le rivage qui l'arrête.

Ce fut la grande épreuve de sa vie spirituelle. De cette épreuve, c'est à peine si personne, durant sa vie, a pu soupçonner l'existence ; son journal intime seul nous révèle combien elle a été longue et crucifiante. Qui eût pensé que le doute la tourmentât, dans le temps même où elle affirmait et défendait avec tant d'énergie ses convictions et sa foi ? Mais les historiens des saints et ceux qui ont l'expérience des âmes témoignent que la foi la plus vive et la plus solidement enracinée ne met pas à l'abri de cette peine intime. De fait, ni les convictions ni la foi de Juliette Charoy ne furent en rien ébranlées par ces doutes qui la désolaient.

Son journal nous la montre cherchant, dans sa raison éclairée par l'Évangile, la réponse aux questions troublantes ; la trouvant d'ordinaire, mais, quoiqu'il en fût, finissant toujours par s'en remettre à Dieu, avec un acte de foi et une humble prière. Aussi ses sages directeurs ne lui permirent jamais, pour ces doutes involontaires, d'abandonner les pratiques d'une fervente piété ; et elle eut, ce qui à plus d'une âme a manqué malheureusement, la docilité d'obéir, malgré ses scrupules et ses répugnances instinctives.

La *tentation* (c'est l'expression chrétienne pour de pareilles épreuves) n'a donc eu d'autre effet — et c'était le but de Dieu en la permettant — que d'ajouter à sa vertu l'éclat plus pur et le mérite plus haut qui sont le prix de la lutte et du *crucifiement*.

Juliette Charoy s'est éteinte pieusement, après peu de jours de maladie, le 26 juin 1898. Il y avait longtemps que la mort ne lui apparaissait plus sous sa « face hideuse », et qu'elle l'appelait même de ses vœux, comme l'introduction à une vie meilleure, où les tristesses, les obscurités, les bassesses de ce monde sont remplacées par le resplendissement de la vérité pure, par le règne de la justice et de la bonté infinie. Qu'on lise ce qu'elle a écrit dans son journal à propos de la catastrophe du Bazar de la Charité [1]. Elle aimait à inscrire sur ses « cahiers » comme épigraphe le mot du psalmiste : *Multum incola fuit anima mea* [2]. Mais ses sentiments s'expriment avec bien plus d'éloquence encore, dans la note où elle a voulu de sa main tracer tous les détails de l'image mortuaire qui devait être remise à ses amis après sa mort. Voici la reproduction de cette touchante petite pièce en entier :

*Memento pour moi.*

*Souvenez-vous dans vos prières de*
*la pauvre âme de Marie-Juliette Charoy*
*décédée à* *à l'âge de*

---

*Cupio dissolvi et esse cum Christo* [3]
*O mors desiderabilis, malorum finis,*
*Laboris clausula, quietis principium.*[4]
*Eia, moriar Domine ut te videam !* (St Augustin)

1. Fragment du 6 mai 1897, p. 204.
2. Ps. CXIX, 6. « Mon âme est depuis bien longtemps en terre étrangère. »
3. Je désire être dissous et me trouver avec le Christ. Cf. Philip. I, 23.
4. O mort désirable, fin des maux, terme du labeur, commencement du repos.
5. Allons, que je meure, Seigneur, pour vous voir !

*Multum incola fuit anima mea !*
*Pie Jesu, Domine, dona ei requiem !*
*Sancta Maria ora pro ea !*
*Sancte Joseph ora pro ea !*

---

*Prière « O bon et très doux Jésus » au verso.*

Sans nul doute, Juliette Charoy a obtenu ce qu'elle a tant désiré. La récompense des justes était due à une vie que les travaux littéraires, d'ailleurs constamment orientés vers le meilleur but, n'ont occupée qu'en partie, et qui a été remplie surtout par les devoirs de la chrétienne excellemment pratiqués, par le dévouement affectueux dans l'intérieur familial, par la charité envers les malheureux, par les mille services que sa bonté ne refusait à personne.

Puissent ses lecteurs, et surtout ses lectrices, apprendre d'elle à vivre la vie *utile*, qui est la vie chrétienne, dans quelque condition que la Providence les ait placés !

Un mot sur la part des éditeurs dans la publication du *Journal*. Elle se réduit à avoir extrait les fragments et à leur avoir donné des titres. Il n'y a guère à parler de l'arrangement ; car, bien qu'on ait tâché de grouper ensemble les textes où sont touchés des sujets analogues, on ne s'est pas préoccupé, cela était inutile, sinon impossible, d'y réaliser un ordre strictement logique.

D'ailleurs une table, où les fragments sont classés suivant l'ordre alphabétique des titres, permettra de trouver facilement ceux qu'on voudra lire ou relire de préférence.

Il va de soi que les éditeurs, après avoir fidèlement reproduit ces pages d'après le manuscrit, comme il convenait pour laisser à l'auteur son individualité, ne prétendent pas qu'on accepte sans réserve tout ce qu'elle a écrit. Il sera donc loisible aux « bonnes âmes », si elles le veulent, de trouver Juliette Charoy trop dure, par exemple, pour la « petite dévotion » [1], pour « l'art religieux [2] », et autres choses qui choquaient sa raison un peu froide ou sa délicatesse artistique. Mais nos réserves, s'il y a lieu d'en faire, ne s'étendront pas à ses sévérités envers les *demi-chrétiens* et les *demi-chrétiennes*, à son horreur des compromis en matière de religion et de morale et des *concessions* mondaines. Ici, son *intransigeance* n'est que l'effet de son profond sens chrétien, et plût à Dieu que ses critiques ne fussent pas, encore aujourd'hui, trop justifiées !

Joseph Brucker.

1. Voir le journal à la date du 31 mai 1893, p. 93.
2. *Ibid.*, et à la date du 20 novembre 1866, p. 182.

# PRINCIPALES PUBLICATIONS

## de Mlle Juliette Charoy

### OUVRAGES ORIGINAUX

1867. *Lettres à une protestante sur l'origine et l'institution de la fête du Saint-Sacrement.* Arlon, typ. P.-A. Brück. Broch. in-8 de 67 p. — Ces lettres, adressées à Miss Anny D***, sont signées J. Rochay.

1880. *L'Écho de Saint-Michel : contes, nouvelles et voyages*, par J. de Rochay. In-12, Paris, Téqui, libraire-éditeur de l'Œuvre de Saint-Michel. (Collection Saint-Michel).

1889. *Les deux poupées de Nuremberg*, par Juliette Charoy. In-8 avec gravures. Paris, Firmin-Didot. — Avait paru d'abord dans le *Supplément hebdomadaire* du *Monde*, 1881, nos 40-41. — Ce volume est le seul qui ait été publié sous le vrai nom de notre auteur.

### II. TRADUCTIONS DE L'ALLEMAND

1876. *Fleurs de mai cueillies au jardin de l'Église* (Mois de Marie), par l'abbé L. Jung. Traduit de l'allemand par Mlle Marie de Saint-Eugent. Paris, Casterman.

Tous les volumes suivants ont été publiés sous le nom de J. de Rochay.

1877. *Les sorciers de Würzbourg*, par Franz von Seeburg. In-12. Paris, Téqui (collection Saint-Michel).

1880. *Charitas. Épisode de la Réforme*, par le Dr Binder. In-12, même éd., même coll.

— *Les chagrins d'une laide*, par Oscar Berkamp. In-18, Paris, Téqui.

1883. *Joseph Haydn : Scènes de la vie d'un grand artiste*, par Fr. von Seeburg. Tours, Mame. Plusieurs éditions in-18 et in-8.

— *Les enfants du chevalier*. Imité de Paul Hermann. Tours, Mame, plus. éd.

1884. *La vengeance du farmer. Souvenirs d'Amérique*, par Karl May. Tours, Mame, plus. éd.

1885. *Les pirates de la Mer Rouge. Souvenirs de voyage*, par K. May. In-12, Tours, Mame, plus. éd.

— *Une visite au pays du diable. Souvenirs de voyage*, par le même. In-12, même éditeur.

— *La caravane de la mort. Souvenirs de voyage*, par le même. In-12 avec grav., même éd.

— *Jasper ou les pêcheurs d'Helgoland*. Adapté de Paul Hermann. In-12. Bibliothèque du *Jeune âge illustré*.

1886. *Une maison mystérieuse à Stamboul. Souvenirs de voyage*, par K. May. In-12, Tours, Mame.

— *L'enfant aux yeux bleus*, imité de Paul Hermann. In-8, même éd.

— *Le roi des requins*, suivi de : *Un brelan américain* et de l'*Anaïa du brigand*, par K. May. In-12 avec grav., même éd.

1887. *Le ménétrier de la république*: *Épisode de la vie de Cherubini*. Trad. de A. Schirmer. In-12, même éd.

1888. *Un grand chancelier* (Pierre des Vignes), par le Dr Mathias Höhler. Traduit et adapté. In-12 et in-8 av. grav., même éd.

— *Mina ou les épreuves d'une vie d'enfant*. Imité de Paul Hermann. In-8, Tours, Mame.

1889. *Adoptée*. Par M. Herbert. In-12, Paris, Gautier.

— *Tout pour le mieux*. Imité du hollandais. In-8, Paris, Firmin-Didot.

1891. *Dans le tourbillon du monde*, par A. Veldenz. In-12, Paris, Lecoffre. — Paru d'abord dans la *Semaine des familles* sous le titre *Dans le monde*.

1892. *L'empire du dragon* : *Souvenirs d'Asie*, par K. May. In-12, Paris, Delhomme et Briguet.

1895. *Le condamné volontaire : roman judiciaire*, par Antonia Jungst. Tours, Mame.

1898. *Les souliers de la comtesse Lora*, par Antonia Jungst. In-12, Paris, Gautier.

1899. *La question féministe*, par le P. Augustin Rösler. In-18, Paris, Perrin

## III. ARTICLES DE REVUES

1° Dans l'*Indicateur des Bons Livres* (Paris, Téqui, libraire de l'œuvre de Saint-Michel) : plusieurs petites pièces, contes, légendes, dialogues, et comptes-rendus de livres, signés Marie de Saint-Eugent, 1877-1880.

2° Dans le *Jeune âge illustré*, dirigé par Mme L. Geoffroy, 1881, n. 2. *La petite princesse.*

3° Dans le *Supplément hebdomadaire* du journal *le Monde* :

1881, n. 13. *La fille du bonnetier : récit des anciens temps.* Signé J. de Rochay comme les suivants.

— Nos 14-17. *Louise Henzel* (1798-1877).

— Nos 18-21. *Anne Elisabeth de Droste* (1797-1847).

— N° 25. *Une vesprée d'Agnès de Navarre.*

— Nos 27-40. *La ferme des bouleaux*, par Auguste Butscher, traduit de l'allemand.

— Nos 36-37. *L'idée anti-chrétienne au Salon de 1881.*

— Nos 40-41. *Les deux poupées de Nuremberg.*

— N° 42. *Hanna la vaniteuse.*

— N° 43. *Le dernier des Vasa.*

— Nos 44-47. *Marguerite Ferflassen* (1803-1845).

1882. Nos 5-7. *La Bible du grand-père* par A. Butscher, trad. de l'allemand.

— Nos 9-10. *Le progrès.*

— Nos 12-13. *Les mémoires d'un in-folio.*

— Nos 14-15. *Le crucifix : étude populaire*, trad. de A. Butscher.

— N° 16. *Les héritiers de Pierre le Grand : quelques feuillets de l'histoire de Russie* (1741-1762). D'après le *Deutscher Hausschatz.*

1883. Feuilleton 18-24 mai. *La fille du charlatan.* Imité de l'allemand d'A. Butscher.

4° Dans la *Revue du monde catholique* :

1881-1893. Revues de livres. — Revues des romans nouveaux.

1894. 1er mars et 1er avril. *Une petite Église : les Manharters. Épisode de l'histoire du Tyrol* (1809-1826).

5° Dans l'*Union catholique*, journal de Rodez :

1894. Avril. *Le moine Télémaque.* Imité de l'allemand de M. Herbert. 4 feuilletons.

— *Trois premières communions célèbres* (Gœthe-Tolstoï-Châteaubriand). 3 feuilletons.

— Août. *Récits tyroliens* : *Études de mœurs populaires. I. Mère et Fils*, trad. de l'allemand de Mme Everilda de Pütz. 6 feuilletons.

1895. *Un voyage en tarantasse. Mœurs russes d'il y a quarante ans*, par le comte Sologub, traduction.

6° Dans les *Veillées des chaumières*, journal illustré (Paris, Gautier) :

1894. Nos 835-840. *Jusqu'à la mort* (récit tyrolien), trad. de E. de Pütz.

Nos 872-873. *Moidel* (id.), trad. de E. de Pütz.

7° Dans l'*Écho littéraire de France*, « organe des intérêts des femmes de lettres et des femmes artistes » :

1894. Nos 443-457. *L'Étrangère : mœurs populaires du Tyrol*, trad. de E. de Pütz.

8° *L'Ange gardien*, dirigé par Mme d'Exauvillez (vers 1875), le *Foyer*, le journal *le Français*, etc. ont publié aussi des articles de Juliette Charoy.

# FRAGMENTS D'UN JOURNAL INTIME

## L'âme humaine.

19 avril 1866.

J'ai songé ce matin qu'une âme est quelque chose de bien beau : c'est le chef-d'œuvre de Dieu, c'est l'objet de son éternel amour. Quand la grâce l'illumine, elle est plus resplendissante que le soleil ; elle est vaste comme l'univers : elle est plus chère au cœur de Dieu que tous les astres réunis ; elle renferme d'étonnants abîmes de tendresse, de dévouement, de générosité, de poésie.

C'est une lyre, ô mon Dieu, pour te chanter, un miroir pour peindre ton image, un vase plein de parfums pour brûler devant toi, une belle fleur toute chargée de la rosée céleste ; elle est forte et en même temps d'une délicatesse infinie. Elle est fille de ton souffle, ô divin auteur de l'Être: pourquoi donc tombe-t-elle parfois si bas ? Pourquoi oublie-t-elle si souvent que son bonheur c'est toi, sa beauté toi encore, son amour toi toujours et toi seul, ô grand Dieu qui ne l'as créée que pour toi !

22 novembre.

Je me souviens d'avoir lu dans quelque ouvrage de zoologie, qu'il existe certains petits êtres microscopiques dont la vie est étrange. Un souffle les anéantit presque complètement, et une goutte d'eau les ressuscite ; on peut renouveler mille fois l'expérience sur le même individu, elle réussit toujours. Je suis un peu de la nature de ces infusoires...

## L'âme semblable à la mer.

17 mars 1870.

J'ai vu souvent la mer immense et calme sous les rayons du soir, une brise légère agitait à peine ses vagues argentées, elle semblait sourire en reflétant le soleil.

La nuit passait, et quel changement au réveil ! Un ciel noir, un vent furieux, des vagues soulevées avec rage, des mugissements lugubres. Ce n'était plus l'océan d'hier et, pourtant, il était toujours à la même place, encadré par les mêmes rivages.

Telle est mon âme : un soir elle s'endort paisible et le matin elle s'éveille remplie d'orages.

Mon âme, elle est grande comme la mer, plus grande encore et je suis si petite ! Il me semble parfois que je porte au dedans de moi-même une immensité qui m'écrase. Les vagues de l'océan sont moins nombreuses que les pensées qui m'agitent.

Étranges pensées qui ressemblent bien aux flots poussés et repoussés par le flux et le reflux, toujours changeantes et pourtant toujours tirées du même fond. Se soulevant comme la vague et retombant vainement comme elle, sans avoir produit autre chose qu'un douloureux gémissement.

Voix monotones, impuissantes, indéfinissables, qui appellent en vain une réponse... Vagues qui roulent avec elles l'écume de l'abîme et le gravier des côtes ; qui ont leurs jours de calme et leurs tempêtes imprévues ; qu'un faible souffle peut agiter et qu'un sourire du soleil fait resplendir !

## Enfants. — L'intelligence.

24 avril 1871.

Ma cousine a une jolie petite fille de quatre ans, dont les beaux yeux noirs et la lèvre mutine font mon bonheur ici. Autant j'aime peu les enfants dont l'intelligence dort encore au fond d'une âme inconsciente, autant cet esprit, ces sentiments, ces idées qui s'éveillent dans cette petite tête m'intéressent et me ravissent.

Louloue sera une bonne petite patriote. Elle déteste les Prussiens, malgré les bonbons et les caresses dont ils l'ont comblée ; c'est plaisir de lui faire raconter les scènes de leur séjour chez sa mère.

Je m'amuse aussi extrêmement à lui faire voir des images. N'est-il pas étrange qu'une si jeune intelligence puisse comprendre l'illusion de tous ces traits et démêler ces formes souvent mal indiquées? que dans ces petites figures elle reconnaisse du premier coup l'intention de l'artiste, et qu'elle ne se trompe ni n'hésite jamais? Je lui ai montré jusqu'à d'affreuses caricatures, au risque d'effrayer ses beaux petits yeux : eh bien, elle a tout expliqué naïvement, mais avec justesse.

Étrange chose ! comment les pensées se forment-elles dans notre âme ? Comment notre jugement s'équilibre-t-il après la comparaison avec les objets déjà connus ? Je me le demandais dernièrement, en admirant les efforts de la mémoire et les exercices que je lui puis imposer. J'avais entendu une voix dont les inflexions me rappelaient vaguement une autre voix, voilà aussitôt l'esprit en campagne. De qui la voix, qui ressemble à celle que je viens d'entendre ? Et il monte, monte rapidement dans mon imagination une foule de figures confuses, qui se pressent l'une l'autre, de visages à demi ébauchés qui s'offrent à mon choix. J'entends en même temps une multitude de voix répétant des phrases inachevées. Mais rien de tout cela ne me satisfait. Je cherche, j'appelle encore, et je commence à voir plus distinctement certaines figures, après que les autres ont été écartées : c'étaient des visages de femmes. Je ne les reconnaissais pas tous, ils étaient tous communs et vulgaires... Je forçai de nouveau ma pensée au travail, comme un pauvre chien qu'on fait plonger pour chercher un objet perdu ; enfin elle me présente triomphalement une figure, elle me répète une inflexion de voix qui me frappent, tant elles sont justes, et je puis m'écrier : Ah ! m'y voilà, c'est cela ! c'est bien elle.

Toutes ces opérations se font en une seconde, sans fatigue, sans presque s'en rendre compte... et l'on ne pense pas plus souvent à remercier l'auteur des merveilles que nous portons en nous-mêmes ?

## Enfants.

17 juin 1871.

On est venu m'appeler pour recevoir Jeanne et son fils ; son mari va mieux, elle recommence à sourire.

Comme je montrais au petit André un papillon brodé sur un coussin, il s'écria : « Oh ! une fleur qui vole » ; et lui ressemblait à une rose qui parle, il était si gracieux avec son doigt levé, ses yeux riants, son frais sourire.

Les Orientaux appellent aussi les papillons des fleurs qui volent. Dieu met sur les lèvres des enfants les mêmes phrases naïves et charmantes que l'on retrouve dans le langage imagé des peuples primitifs. Ces idées-là ont une fraîcheur que nous avons perdue.

20 février 1872.

Tout à l'heure, comme je passais rue de Monsieur, les gros nuages gris qui pèsent sur le ciel s'écartèrent lentement et un rayon de soleil déjà doux et chaud vint nous sourire comme une annonce du printemps.

Des enfants jouaient sur le trottoir ; l'un d'eux avait une jolie tête blonde, dans les boucles de laquelle le vent avait mis un désordre charmant. Une vieille dame vêtue de deuil passait en ce moment, elle remarqua l'enfant comme moi et, s'approchant doucement de lui, elle tira en souriant une de ces jolies mèches d'or qui entouraient son front.

Elle souriait et branlait la tête en même temps. Pauvre femme ! elle songeait peut-être à la jeunesse envolée, à ses cheveux blanchis, à ceux des fils qu'elle a perdus. Que sais-je ? il y avait un monde de pensées dans son regard.

L'enfant secoua la tête avec une sorte de colère, puis s'enfuit, tandis que la vieille dame lui souriait d'un air résigné et douloureux.

Ainsi va la vie : les uns fleurissent, les autres tombent.

19 mars 1876.

Quelle jolie enfant j'ai vue, tout à l'heure, avec de longs cheveux dorés, enveloppant ses mignonnes épaules, et de grands yeux limpides comme l'azur du ciel ! Sa mère, agenouillée près du grand autel à Saint-Sulpice, essayait de lui faire joindre ses petites mains et voulait la conduire au baisement de la croix ; mais l'enfant, se rejetant en arrière, frémissait, pleurait, secouait sa tête charmante et se raidissait dans sa résistance.

Me rappelant mes folles terreurs et mes timidités d'autrefois, je suivais avec intérêt cette petite scène. Enfin, la mère l'emporta ; prenant doucement entre ses bras la petite révoltée, elle alla se placer au bas de la grille du chœur, se pencha vers l'enfant et lui parla tout bas du bon Dieu et de la croix avec tout son cœur, et cent fois plus éloquemment, j'en suis sûre, que ne l'ont jamais fait les saints Pères ou Bossuet... La petite fille ne répondit rien, mais, se laissant soulever vers le prêtre, je la vis poser ses lèvres avec une tendresse enfantine sur les saintes reliques qu'on lui présentait.

Heureux les enfants élevés par une pieuse mère ! ils peuvent défier tous les maux et toutes les tentations de la vie.

20 novembre 1876.

Tout à l'heure, à Saint-Sulpice, j'ai vu comment prient les petits anges. Ah ! heureuses les familles où on élève ainsi les petits enfants ! Une toute petite fille en bleu, avec des cheveux soyeux et dorés et une petite joue veloutée, dont je n'apercevais que la courbe gracieuse et ronde, monta sur les marches de la chapelle de la Vierge. Sa petite tête n'atteignait pas la table de communion.

Elle se haussa sur ses petits pieds pour voir

l'Enfant Jésus, signa deux fois son front blanc, puis envoya au divin Sauveur deux bons baisers retentissants, — deux bons baisers comme elle en eût donné à sa mère, — de toute son âme, de tout son cœur.

Voilà une prière qui, dans la balance céleste, fera peut-être contre-poids à beaucoup de blasphèmes orgueilleux qui montent de cette terre. Dieu est si bon !

8 juillet 1878.

Lettre de ma petite J... Quelle charmante enfant ! Elle vient de faire une retraite, tout de suite elle aime de tout son cœur le vieux religieux qui l'a prêchée. Elle est allée chez son grand-père au village, le grand-père lui a raconté des histoires de chasseur tout à fait impossibles ; on l'a menée voir ses vieux oncles, l'un de quatre-vingt-sept, l'autre de soixante-dix-huit ans ; une bonne vieille pauvresse l'a embrassée en retour de son aumône... C'est assez pour qu'elle s'imagine avoir fait un voyage délicieux. « Comme je me suis amusée ! » écrit-elle.

Et moi je dirai : Comme c'est beau une âme jeune, naïve, pure, aimante ! beau comme le cristal frappé par le rayon de soleil. C'est sous l'action divine qu'elle resplendit, elle voit Dieu en tout et le reflète. Mais qu'il est peu de ces âmes-là ! Dans le temps où nous vivons, on n'en rencontre que de ternes, de maussades, de souffreteuses ; les âmes d'enfants mêmes sont malades.

Aussi rien ne saurait exprimer la jouissance éprouvée en face de ces âmes pures, loyales, joyeuses, soit qu'on les rencontre dans un jeune corps, soit que les luttes de la vie n'aient fait que les rendre plus lumineuses. Et, grâce à Dieu, il en est de semblables, je le sais.

Avranches, 8 octobre 1870.

Hier nous nous étions assis dans un chemin creux, garni d'arbres dont la voûte déchiquetée laissait passer de gais rayons de soleil ; le sentier fuyait avec mille détours charmants, et nous nous appuyions sur une herbe fine et douce, sous laquelle je regardais trottiner les actives fourmis, lorsque des éclats de rire joyeux et enfantins me firent relever la tête. Nous nous trouvions au milieu d'une pension de jeunes orphelines, conduites par des religieuses de Saint-Louis, qui venaient *glaner* les châtaignes tombées au bord du chemin. Avec leurs petits bonnets blancs et légèrement posés ur le sommet de la tête, leurs cheveux dorés, eurs visages roses, on eût dit une troupe de etits anges protecteurs des champs. Après voir fait quelques pas, elles s'arrêtèrent, et les lus âgées, se groupant gracieusement autour le la bonne sœur, récitèrent d'une voix fraîhe et pure la salutation angélique, avant de ommencer leur récolte.

C'était tout un tableau, et le sourire de la religieuse, malgré ses traits ridés et son voile sombre, ne me parut pas un des moins gracieux : l'innocence et la vertu ne vieillissent jamais.

10 septembre 1891.

Ces dames L... et H... sont parties et je les ai vues partir avec peine : j'aimais cette petite fillette qu'on m'avait amenée pour la première fois. J'aurais voulu pouvoir la garder, l'élever à ma guise. Ce m'était un ravissement étrange de regarder ces yeux d'enfant, ces yeux si gais par moments, ces yeux qui n'ont pas encore trompé, ces yeux où se reflète le ciel et que bordent des franges brunes si soyeuses. Voir un sourire d'enfant, contempler la mer immense, lire une page de Joinville ou un sermon de Bossuet, choses bien différentes et, cependant, même impression délicieuse !

## Saint-Nicolas : souvenirs d'enfance.

6 décembre 1866.

C'est aujourd'hui la Saint-Nicolas — le patron vénéré de la Lorraine. Quand j'étais enfant, le bon saint chargeait ma grand'mère de cadeaux ravissants pour moi ; aussi, le jour de sa fête était-il impatiemment attendu. Il y a, entre autres souvenirs, une certaine cravate de soie couleur cerise avec des bandes noires, qui me fit un plaisir bien grand... Saint Nicolas avait si bon goût !

Il faut avouer pourtant qu'en ce temps-là j'étais un peu esprit fort, et que je n'ai jamais beaucoup ajouté foi aux descentes du saint évêque d'Ancyre par les cheminées lorraines ; je le disais même tout bas à mes cousines plus jeunes que moi, que cela faisait pleurer. Un jour mon grand-père qui m'entendit me gronda très fort.

C'est là un bien lointain souvenir, et pourtant l'image du vieux grand-père n'est point encore effacée. Il me semble qu'il est là toujours, avec sa robe de chambre rouge et grise, ses pantoufles de tapisserie, sa casquette sur la visière de laquelle tremblent de petits glands noirs, et son grand mouchoir de poche lilas étendu sur son genou. Il tient à la main

*Gazette*, qu'il lit d'un bout à l'autre, les nnonces comprises, puis relit encore sans lasser. Et moi je trouve qu'il devrait bien plus lire et causer avec moi. Je m'assieds ut près de lui devant le feu sur une toute etite chaise, avec ma figure pâlotte, mes nattes brunes et ma petite robe noire, et je lui is cent questions. Alors il me regarde avec s bons yeux si doux, et haussant les épaules : Ah ! qué Juliette, qué Juliette ! » dit-il, et ma rand'mère qui passe, allant, venant, trottinant omme une active ménagère, s'arrête un instant our me gronder aussi de mon bavardage.

Où est donc tout ce passé de ma petite enance ?

## Matinée de printemps à Paris.

13 mai 1873.

Comme le bon Dieu s'entend à faire de belles hoses ! Quoi de plus délicieux qu'une matinée le printemps ?

Tout à l'heure, en allant au Louvre, je voyais a ville s'éveiller et commencer cette vie incessante et bruyante du jour; mais, à Paris, les cris les marchands remplacent le chant des oiseaux, et le parfum des rues, au matin, n'est pas celui des roses !... Cependant, arrivée sur le pon des Arts, je m'arrêtai pour admirer l'horizon qu s'étendait devant moi.. Oui, c'était bien le printemps souriant dans ses voiles de brume, le printemps avec son gai soleil reflété par les eaux du fleuve, sa verdure délicate, son ciel encore voilé et son charmant sourire du premier réveil. Au fond des vapeurs roses, voici la flèche dorée de la Sainte-Chapelle, les tours de Notre-Dame, les palais qui bordent la rive... Mon Dieu, que c'était délicieux à regarder! comme il fait bon vivre dans un monde si beau !

Sur le pont, quel mouvement ! Où vont tous ces hommes ? Quel enchevêtrement dans tout cet empressement des intérêts humains !... Un maraîcher passe, portant sur sa hotte de jolies fleurs des champs... elles viennent un instant réjouir et embaumer la grande ville, puis vont se flétrir dans ses fêtes. Elles me font songer aux prés de nos campagnes... Ah ! si j'avais des ailes ! des ailes !

Lorsque je pénétrai dans la galerie d'Apollon, après avoir salué, en passant, ce vieux peuple de statues qui veille ici dans son éternel silence, la grande salle était enveloppée d'une demi-obscurité très favorable aux ornements dont elle est surchargée ; les tapisseries, les cariatides dorées, les emblèmes, les vitrines remplies de merveilles me parurent plus riches que jamais. Au fond, s'ouvre une large fenêtre qui donne sur un balcon doré. Je m'en approchai, elle encadrait le plus charmant tableau : un tableau peint par une main divine avec les rayons du soleil. La Seine aux eaux argentées, les nuages rosés du matin, les grandes lignes des palais, la verdure des quais, tout cela formait un ensemble que je n'essaierai pas de décrire.

Ah ! oui, la vie est belle, quand on en oublie un moment les amertumes ! Mais ce beau Paris, l'ennemi du dehors et celui du dedans le menacent !... Et mon âme, qui aime tant le bonheur, souffre bien plus souvent qu'elle ne jouit ; elle a souffert hier, elle va souffrir demain, aujourd'hui, peut-être... Cette claire matinée, c'est le rayon fugitif entre deux nuages.

## Les fleurs.

29 avril 1873

Il faut bien qu'en fait de goût les ennemis les plus acharnés de la France lui rendent justice ; ils n'atteindront jamais à cette suprême élégance dont une bonne fée, ou plutôt la divine Providence nous a doués. C'est Paris qui fournit de fleurs artificielles le monde entier; c'est le commerce parisien qui fait éclore chaque jour ces charmantes imitations de la nature, une des branches les plus productives de son industrie.

Presque toutes les enfants de notre patronage entrent maintenant dans des ateliers de fleuristes; les doigts ne suffisent pas à créer ces innombrables guirlandes, dont on se charge la tête, cette année, pour obéir au caprice de la mode.

Si Tertullien revenait en ce monde, quelles pages irritées il ajouterait à son traité sur la Couronne, et comme il reprocherait aux chrétiennes de se parer de fleurs, tandis que l'Église s'en va, le front couronné d'épines, par les chemins douloureux de la persécution !

Mais Tertullien était trop sévère quelquefois... Les fleurs ! qui peut s'empêcher de les aimer? Elles sont le sourire de Dieu sur cette terre, comme on l'a si bien dit. Elles ont un attrait irrésistible. Leur forme, leur couleur, leur parfum, tout, en elles, nous ravit.

Je les aime passionnément, mais non pas

emprisonnées, ni coupées de leur tige, mais au grand air, à l'ombre des buissons, baignant leurs corolles dans la rosée, jonchant la terre de leurs pétales embaumés.

> ...Comme la rose franche,
> Qu'un jeune pasteur par oubli
> Laisse flétrir dessus la branche...

Une fleur au calice d'or, comme il en croît de si belles dans nos ruisseaux de Champagne, vient de me transporter tout d'un coup bien loin d'ici... Je me suis crue encore assise sur le fin gazon de la petite colline, que baigne l'humble ruisseau sans nom, à l'ombre de ces grands peupliers, dont les feuilles murmuraient autrefois de si jolies choses à mes oreilles d'enfant.

Il y avait là de petits bassins, encadrés d'herbes vertes et capricieusement formés par des sources naturelles: le soleil s'y mirait tout entier, il resplendissait en cet étroit espace avec autant d'éclat que dans les vagues de l'océan ; et sur ces bords humides fleurissaient les gracieux myosotis, les gobelets d'or, les pâquerettes argentées, les clochettes tremblantes et parfumées du muguet, les gracieuses fleurettes roses de la madelonnette.

Ah ! que tout cela était charmant ! Un ruis-

2

seau, des brins d'herbe, quelques fleurs, les libellules diaphanes, un coin du ciel bleu, c'était, autrefois, pour moi toute la nature... Je n'avais pas vu encore les grands fleuves, les montagnes, la mer houleuse et immense. Ma pensée était calme comme ce paysage en miniature. Depuis, j'ai mieux compris la grandeur des œuvres divines, mais rien ne me fera oublier mes premiers printemps...

## Le verglas.

2 janvier 1875.

L'année a mal commencé : un verglas affreux est tombé sur Paris, le soir du 1er janvier, et a causé d'innombrables accidents. Nous allons sur un terrain tout aussi glissant en politique et on y pense à peine.

Cette soirée du nouvel an met tous les Parisiens hors de chez eux ; on en rencontre de longues files allant dîner en ville ou passer leur soirée au théâtre. On emmène jusqu'aux plus petits enfants ; tout le monde court avec des jouets ou des bonbons dans les bras ; les pauvres demandent leurs étrennes dans les rues, en troupes nombreuses ; les amis se réunissent, les membres de la famille dispersée reviennent au nid... Et c'est ce jour-là justement, sans qu'on s'y attende le moins du monde, que, tout d'un coup, au moment le plus animé, le bon Dieu vous envoie un beau verglas uni comme une glace de Saint-Gobain. Messieurs les astronomes, pourquoi donc ne nous avez-vous pas prévenus, vous qui en remontrez chaque jour au Père Eternel ?

Jamais on ne vit semblable déroute, on eût dit qu'une bataille s'était donnée par les rues ; on ne rencontrait que des gens gisant par terre, des chevaux abattus, de malheureux parents traînant avec une peine inouïe leur petite famille gémissante. Les ménages de plomb, les belles poupées, les bonbonnières enluminées, les soldats de toutes armes dans leur boîte de sapin, roulaient dans les ruisseaux sans que personne se mît en peine de les ramasser... Quelques femmes jetaient leur cachemire dans la boue gelée et s'en servaient pour marcher. Les uns enveloppaient leurs souliers de mouchoirs de poche, d'autres allaient pieds nus ; ceux-ci à quatre pattes, ceux-là sur leurs genoux. Les hôtels étaient pris d'assaut, la plupart des maîtres de maison gardèrent leurs convives jusqu'au lendemain. Les petits marchands de bonneterie firent fortune, les chaussons de Strasbourg valaient de l'or... Un malheureux Anglais criait d'une voix étranglée, dans la rue Richelieu : « A moa, à moa !.. qui veut reconduire moa ?... je payerai, je payerai ! » Les sergents de ville firent admirablement leur devoir ; de pauvres gens se louèrent fort cher, après s'être enveloppé les pieds de vieux linges, et soutinrent les dames et les enfants. On compte plus de deux mille accidents officiellement constatés : des bras et des jambes cassés, des crânes brisés aux angles des trottoirs, de pauvres femmes devenues folles de terreur, des malheureux saisis par le froid pour s'être déchaussés...

Je m'étais couchée de bonne heure et sans trop d'appréhension du verglas. Le lendemain, lorsque je me levai, je le crus passé à peu près, car j'entendais l'eau couler des toitures ; je descendis pour la messe à 6 h. 1/2. Mais impossible d'avancer. Arrivée aux trois quarts du chemin, je crus que je serais obligée de me mettre à quatre pattes. La rue était unie comme un miroir ; les dernières lueurs d'un gaz mourant s'y reflétaient, semblables à des flaques de sang ; un brouillard épais laissait voir à peine à vingt pas autour de soi ; quelques ombres plaintives erraient sur les trottoirs, s'accrochant aux murailles, ou cherchant en vain à traverser jusqu'à l'autre bord...

Tout cela était sinistre. On aurait pu s'en inspirer pour illustrer une des pages de Dante. Une brave femme m'offrit la main, je la saisis avec l'avidité d'un noyé et la remerciai à peine : quand on est très ému ou qu'on a grand'peur, il semble qu'on oublie l'usage de la parole... Quelle pénible chose que l'angoisse de la peur ; j'imagine que ce doit être un des grands tourments de l'enfer.

## Badauds de Paris.

12 avril 1875.

M... est enfin installée rue de Médicis, dans un appartement que le soleil inonde et dont les fenêtres donnent sur le Luxembourg.

La gaie verdure d'avril la réjouit tellement qu'elle se croit presque guérie, et que ceux qui l'entourent se prennent à espérer comme elle.

Elle a voulu venir en chaise depuis le square Montholon. Il y a longtemps qu'un pareil véhicule ne se voit plus dans Paris, cela a bientôt ameuté tous les badauds. Toutes les fois que les porteurs s'arrêtaient pour se reposer, la pauvre M... était entourée d'une foule compacte, qu'on ne parvenait point à chasser. Les porteurs avaient beau crier de toutes leurs forces, en montrant le poing : « Êtes-vous stupides ! N'avez-vous point de cœur ? pouvez-vous tourmenter ainsi une malade ? Allons ! au large ! au large ! » rien n'y faisait. — « N'avez-vous rien vu de votre vie ? reprenait M^me^ L. furieuse en s'adressant à la foule, voulez-vous bien nous laisser tranquilles ! » Ses gestes désespérés et ses appels aux sergents de ville restèrent vains, la foule grossissait toujours. — « Venez ! accourez ! criait un mauvais plaisant, voici Louis XIV qui rentre en sa bonne ville de Paris ! »

Les plus effrontés de la troupe passaient les mains dans l'ouverture de la chaise, essayant de soulever le store que M... retenait autant qu'elle le pouvait... « Eh ! demandaient les autres, y a-t-il une figure là-dedans ? Est-elle bonne !... »

« Adieu, madame la marquise ! bon voyage ! » exclamait-on, quand les porteurs se remettaient en marche... « Dieu vous conduise ! » et autres souhaits de ce genre. Ma pauvre amie vit à travers ses stores une bonne dame courant avec son fils à la main, du bout à l'autre de la rue ; elle semblait avoir grand'peur que l'enfant manquât ce spectacle et arrivait comme au feu.

« Voilà vos Parisiens ! » me disait la malade avec humeur. Mais je riais à me tordre et elle finit par rire aussi. J'eus cependant assez de peine à lui faire comprendre qu'on ne transportait plus les malades dans ce véhicule des temps passés, au milieu de Paris, et que certainement les curieux si importuns avaient cru à une originalité et non à une impossibilité réelle ; car les habitants de Paris ont un certain respect pour ce qui souffre, et on le retrouve même chez les plus mauvais. Il paraît que les chaises sont encore en usage sur les bords de la Loire et M... se croit toujours à A...

## A propos d'un mal de dents.

12 février 1876.

Mes rages de dents ont duré huit jours, j'étais comme hébétée.... Dire que si peu de chose vous met si bas ! Le mal vous plie comme un jonc dans ses terribles mains.. qui pourrait vous en arracher ? Ah ! comme le Créateur sait avoir promptement raison des plus superbes ! C'est un rien, un nerf imperceptible, la douleur le touche, et vous voilà grimaçant, vous tordant, demandant grâce. Voyez quelle posture, quelle mine fait cet orgueilleux !

D'un autre côté, on se sent frappé de l'admirable économie qui préside à tout le système vital. La moindre déviation à la règle divine, et nous voilà sens dessus dessous. J'ai eu récemment une petite enflure à l'œil, elle était à peine visible et pourtant tout mon visage en souffrait : les yeux pleuraient, les paupières me démangeaient constamment... Je ne cessais d'y porter la main, ma pensée s'en occupait sans cesse, aussi. Ce n'était qu'un petit gonflement dans les tissus de la peau... Il faut donc que toutes les parties de notre être soient bien parfaitement mesurées, combinées, harmonisées entre elles, pour que nous puissions vivre d'aussi longs jours sans malaise, tandis qu'un si imperceptible dérangement nous cause tant de tourment !

Comme c'est beau ! et qu'ils sont malheureux ceux qui ne voient que le hasard dans toutes ces merveilles !

## La langue allemande.

1875.

Rien de plus curieux que de comparer deux langues ; de chercher dans les mots la pensée et l'histoire d'un peuple, de retrouver dans ces sons mystérieux les secrets du cœur humain. Oh ! si j'avais connu quelque savant, comme j'aurais aimé à creuser cette science. Mais j'ai peu de guides dans mes observations, elles m'occupent, me charment et m'éclairent seule...

Cette langue allemande me semble magnifique, d'une profondeur, d'une puissance et d'une naïveté qui me reporte aux temps primitifs. Elle ne raille pas sans cesse comme la nôtre ; elle a une abondance de mots admirable, des diminutifs pleins de grâce, des termes pour exprimer les moindres modifications du mouvement, pour peindre les plus imperceptibles sensations. Son génie, en plaçant les adjectifs avant le substantif, permet d'éviter une foule de circonlocutions et de conjonctions dont nous sommes embarrassés, de sorte que tous mes : *et*, *que*, *qu'il*, *dont*, *en*, *ou*, etc., etc. me sautent aux yeux et m'épouvantent dans la traduction. Sa naïveté ne peut se rendre en français, sans paraître ou triviale ou puérile ou incorrecte. Les comparaisons, outrées, offrent une grande poésie parfois, et donnent beaucoup d'énergie et de relief à la peinture des lieux, mais notre goût sévère ne les supporterait pas. Appellerions-nous, par exemple, les fenêtres d'une vieille et triste maison *des yeux ternes et presque aveugles ?*

Je ne sais si je me trompe, mais l'allemand me fait l'effet des vers de Victor Hugo, en regard de ceux de Boileau... Le romantisme et le *classicisme*. Notre langue s'est fixée au dix-septième siècle, dans un temps de régularité, de pompe et de grandeur un peu conventionnelles, d'où la naïveté se trouvait bannie et où toutes choses se mesuraient à la mesure quelquefois étroite de certains génies. Nous y avons gagné et perdu tout à la fois, mais il me semble que si les gracieuses broderies tracées par la main des aïeux n'avaient pas été déchirées comme des paillettes inutiles, notre langue y eût gagné un charme qui n'est point à dédaigner...

Après tout cela, je ne veux pas dire que l'allemand soit supérieur au français ; il a bien ses défauts aussi, cet idiome lourd et hérissé, si dur sur les plus jolies lèvres, si vague, si confus trop souvent, si bien fait pour servir d'instrument à la plus haïssable des philosophies.

## Femmes.

19 novembre 1866.

*Quid levius pluma ? — Pulvis. — Quid pul-*

*vere ? — Ventus. — Quid vento ? — Mulier. — Quid muliere ? — Nihil*, dit Catulle.

J'ai trouvé cela joli, c'est pourquoi je le copie ; au fond je n'approuve pas ce lieu commun des poëtes, et pour cause.

Les femmes ne sont pas si légères qu'on veut bien le dire. Il en est que je vois se consumer dans une unique affection, à laquelle il leur faut tout sacrifier et dont on ne leur est pas même reconnaissant. Il en est qui vivent des semaines entières avec le souvenir d'un mot tombé de lèvres chéries. Les hommes n'en seraient pas capables... D'autres sont constantes à une résolution bizarre, en dépit de toutes les tracasseries et de toutes les épreuves, j'en connais de ce caractère-là... et pourtant on ne tient pas compte de leur constance.

27 juillet 1869

Goethe fait dire à son Iphigénie :

Une vie inutile est une mort anticipée :
Ce sort commun des femmes est surtout le mien.

Il semble cependant que le poète ait pris soin de se réfuter lui-même, en donnant à Iphigénie le rôle principal de sa tragédie.

On raconte que le célèbre écrivain, voulant

peindre la femme antique, mais désespérant de trouver au sein du paganisme le type suave qu'il rêvait, allait passer de longues heures devant la statue de sainte Agathe à Catane, et qu'absorbé dans la contemplation de la vierge chrétienne, il préparait le rôle admirable de la prêtresse de Diane. L'instinct du génie le guidait mieux que ses préjugés protestants et rationalistes, il sentait que la femme vraiment idéale et parfaite ne se trouve qu'à l'ombre de l'Évangile.

Non ! je ne veux pas accepter l'axiome décourageant du poète ; non, le rôle de la femme dans le monde n'est point une mort anticipée, et la chrétienne véritable, celle qui sait bien s'unir aux intentions du plan divin, trouve sur cette terre assez d'aliment pour son activité.

Ce serait une étude qui me plairait, que celle de l'influence des femmes sur les sociétés, de la part qu'elles ont prise dans la marche de l'humanité. Et quels contrastes ! la mythologie et la Bible, Ève et Pandore, Débora et Hélène, la Sulamite et Psyché, les femmes de l'Évangile et celles de l'histoire profane, les chrétiennes et les filles du siècle, les grandes dames du dix-septième siècle et les martyres de la Révolution. Mais non, c'est un sujet épuisé, il faudrait une autre plume que la mienne pour le rajeunir.

## Féminisme.

4 juillet 1873.

Hier, chez la comtesse, vraie assemblée de précieuses. On discutait sur l'amour, comme du temps de l'Astrée...

Je me contentai d'écouter. Une jeune personne de trente-cinq à quarante ans développa d'une voix un peu enrouée sa théorie du mariage. A son avis, les hommes doivent respecter aveuglément tous les caprices de leur moitié... La femme étant un être à part, un ange, une fée nourrie d'ambroisie, fantasque mais toujours charmante, il lui faut une liberté absolue, des soins délicats, une égalité entière devant la loi et l'opinion. Le mari enfin, s'il est intelligent et bon, doit adorer sa femme jusque dans ses défauts, son exigence et son humeur, etc., etc.

Ah ! si j'étais homme, combien je préférerais à ces sottes et pédantes vieilles filles de la littérature moderne, perroquets dangereux de tous les sophismes, dont elles ne comprennent pas la fausseté, une bonne et simple chrétienne, sachant aimer sans phrase et se dévouer sans embarras, moins farcie de romans, mais meilleure femme de ménage, moins amie de l'indépendance et plus sérieusement attachée à son humble et saint devoir, gardant son foyer dans l'honneur et la paix, sans caprices et sans nerfs.

Je ne sais comment, à propos des caprices et de la liberté féminine, M^me^ ou plutôt M^lle^ Élise en est venue à nous débiter sa tirade sur l'indépendance individuelle. L'homme n'est fait que pour lui seul, il ne doit rien à la société, il n'y a que les individualités qui soient responsables d'elles-mêmes, les masses n'ont aucune solidarité entre les individus qui les composent, ou plutôt elles n'existent pas... et autres jolies choses de ce genre. Quelles idées folles germent dans la tête et dans le cœur de ces pauvres filles, déclassées et sans dot, auxquelles on a donné un peu d'instruction et qui ont de leur propre fond beaucoup d'orgueil ! Comme elles s'assimilent les maximes les plus fausses et les plus dangereuses !

10 mai 1895.

Depuis quelque temps, je me suis trouvée entraînée à m'occuper de ce qu'ils appellent la question *féministe*. Je n'aime pas ces revendications, néanmoins ; je les trouve exagérées et souvent ridicules. Plus j'approche de ce monde des femmes qui s'émancipent, quoique je me tienne toujours à une certaine distance, plus j'en approche, dis-je, plus il me répugne. Au fond, ce ne sont que les irrégulières, les folles ou les ambitieuses qui réclament ; les honnêtes femmes, les chrétiennes ne se plaignent pas, travaillent, souffrent, résistent, trouvent leur mission assez grande et assez belle, ne souhaitent pas une égalité impossible et seraient très fâchées d'avoir de la barbe au menton.

Cependant, comme il a fallu se hâter de déclarer vénérable Jeanne d'Arc, pour ne pas laisser souiller cette admirable figure, il faudra sans doute que l'Église prenne sous sa protection ce que certaines revendications de la femme ont de juste, pour que les sectes ne compromettent plus une cause, qu'elle seule, quoi qu'on en dise, a toujours défendue et peut soutenir efficacement.

## Dévouement féminin.

Janvier 1874.

J'ai vu un charmant tableau d'intérieur. J'étais allée chez M^me^ S. que je ne trouvai point ; je me décidai à l'aller chercher chez sa tante. Dans une petite pièce basse et sombre, pauvrement meublée, étaient assises deux femmes âgées. L'une d'elles, affaissée dans son fauteuil de serge, portait sur ses traits fatigués l'empreinte d'un caractère dur et dominant ; l'autre triste, pâle, insignifiante, tricotait près de la fenêtre, tandis que Mme S., coiffée d'un bonnet de nuit, gesticulait dans le milieu de la chambre, plaidant chaleureusement la cause d'un pauvre locataire de la maison... Ces trois vieilles femmes ridées, ces meubles usés, la teinte sombre de ce jour de janvier dont les brouillards pesaient sur nous, m'avaient donné des idées noires.

Comme la vieillesse arrive et comme elle est morose ! et voilà en quoi se résume notre vie. Ah ! qui nous donnera un peu de joie, avant les étreintes glacées de cette sœur germaine de la mort ?

Tout à coup la porte s'ouvrit, une jeune fille entra, rose et fraîche sous ses bandeaux noirs, et son sourire illumina cette triste chambre mieux qu'un rayon de soleil. Gracieuse, attentive, soumise aux moindres caprices d'une grand'mère maussade, elle vit dans cet intérieur sévère, sans distractions, sans joies de son âge, sans une amie ou une sœur... Sa sœur cadette est mariée ; elle, on l'a sacrifiée à la garde de l'aïeule : elle ne s'en plaint pas, quelques livres et son rosaire lui suffisent. Encore si sa grand'mère était pieuse ! Mais bien souvent elle se voit interdire le bonheur d'aller à l'église ; elle se soumet et sourit toujours ; si sa douceur triomphe de l'obstination de la grand'mère, si, un jour, elle l'amène à prier avec elle, sa récompense lui paraîtra assez belle.

« C'est notre soleil ! c'est notre ange gardien ! » me dit Mme S. en me reconduisant.

La vie, si monotone qu'elle soit, peut donc être éclatante devant Dieu. Cette jeune fille a raison de préférer la sienne aux brillantes existences qu'emporte le torrent des plaisirs... Heureuses les âmes pures qui savent monter, monter toujours dans les régions du sacrifice et du devoir !

## Vieilles filles.

Octobre 1872.

En sortant de chez Mlle V., j'allai voir une bonne et sainte femme qui n'a rien d'affecté et qui ne s'occupe des scandales du jour que pour les expier devant Dieu par ses prières et ses bonnes œuvres. Voilà un modèle de charité, d'abnégation, d'humilité, de simplicité toujours joyeuse et de bonne humeur, voilà une vraie dévote. Si toutes lui ressemblaient !...

Il y avait chez elle toute une assemblée de vieilles filles assez laides, mal vêtues, chétives, qui causaient de leurs *œuvres*, de leurs pauvres, de leurs malades ; elles ne faisaient parade ni de sensibilité ni de grands sentiments, elles ne disaient pas des choses bien relevées ni bien spirituelles, mais il y avait tant de bonté, de délicatesse, d'ingénieuse charité dans ces cœurs dédaignés du monde, que je les écoutai pendant une heure sans me lasser, espérant bien profiter de leurs leçons de charité.

Et l'on voudrait ôter à la femme cette piété qui la fait si grande, qui lui donne de si douces joies, même au milieu de toutes les privations de ce monde, parce que quelques-unes en abusent dans leur faiblesse ?

Mais ôtez de ces cœurs de femmes, qui veulent toujours aimer, ôtez l'amour de Dieu, et vous reculerez épouvanté devant des mégères pareilles à celles de la Commune.

## Humble dévouement.

Octobre 1872.

Mes œuvres m'absorbent beaucoup, et heureusement : n'est-ce pas mieux employer mon temps que de le passer à griffonner ou à rêver l'impossible ?

Je vois, en m'acquittant de ma tâche, des exemples qui me font rougir du peu que je suis. Que d'humbles vies pleines devant Dieu, et que les anges écrivent sur des pages d'or, tandis que les hommes passent inattentifs ou dédaigneux !

Samedi dernier, l'obligation de porter des médailles de la Sainte-Enfance à mes jeunes associées m'a conduite dans l'intérieur d'une modeste pension, où j'ai pris des leçons de dévouement et d'humilité.

Dans trois mauvaises pièces assez mal éclairées, peu chauffées et peu meublées, s'agite, crie, épelle toute une petite troupe d'écolières de quatre à douze ans, aux doigts noircis d'encre, aux cheveux bouclés, aux joues rebondies et aux serviettes sales.

Les plus petites ont pour mentor une petite femme hydropique, dont la souffrance altère les traits et que deux gros verres de lunettes rendent terrible à ces petits enfants. Attention, Mesdemoiselles ! crie-t-elle de temps en temps, d'une voix de tonnerre qui domine tout le gazouillement de ces têtes soyeuses et mutines ; puis, se tournant vers moi, elle me dit avec un sourire bien doux : « Voyez, il faut toujours prendre des airs de gendarme, ici ! »

Les autres classes sont dirigées par les filles de la bonne dame, discrètes et savantes personnes trônant sur un siège de bois au milieu de leurs élèves. L'une d'elles me paraît bien fatiguée, ses yeux sont rougis par le travail, sa voix est enrouée et rauque à force de crier...

L'autre me semble encore assez jolie, mais pâle et souffrante ; elle me présenta fièrement tuotes ses élèves, grondant les unes, complimentant les autres avec une sollicitude qui me toucha.

La bonne vieille me dit en me reconduisant : « Ah ! si vous saviez, Mademoiselle, tout ce que font mes pauvres filles, si vous saviez combien elles se donnent de peine ! Vous les avez vues à l'œuvre : eh bien, depuis huit heures du matin jusqu'à six heures du soir, tous les jours pendant dix mois sur douze, voilà leur vie. Et il leur faut, de plus, veiller fort avant dans la nuit pour corriger les devoirs, et tenir les affaires de la maison en bon ordre. Elles n'ont pas même une chambre à elles, tout notre petit logement se trouve envahi par les classes. Je les vois maigrir et s'étioler chaque jour davantage, la poitrine s'use vite à ce métier, leur voix n'a plus de fraîcheur... Mais les chères ne se plaignent jamais, et nous sommes bien récompensées, quand nous pouvons nous dire que, tout en gagnant honnêtement notre vie, nous avons fait un peu de bien... Dame ! voyez-vous, c'est tout de même pour le bon Dieu que nous travaillons, il aime tant les âmes des enfants ! Cette pensée soutient au milieu des peines les plus lourdes. Aussi je ne puis comprendre qu'on veuille ôter la foi aux enfants et aux professeurs : qui donc en a plus besoin, grand Dieu ? »

## Sacrifice.

22 octobre 1872.

Je reviens du parloir de l'A. au B... Pendant que j'y étais il s'est passé une petite scène qui m'a émue. J'y ai vu entrer une vieille femme toute courbée, appuyée sur le bras d'une femme de chambre et à demi cachée dans un immense capuchon de satin noir.

Elle s'appuya à la grille, puis attendit quelques minutes ; bientôt arriva de l'intérieur du cloître une religieuse voilée qui passa le bout des doigts à travers le treillis du parloir. Alors la vieille femme, se redressant avec une étonnante énergie, se jeta sur ces doigts chéris et les baisa pleurant, tremblant, criant presque de joie : « O ma fille, ma chère fille, enfin ! te voilà. »

Pauvre femme ! son bonheur ne dura guère, il fallut s'éloigner. Une expression poignante se lisait sur ses traits flétris : bientôt cette dernière consolation lui sera refusée ; car elle ne pourra plus se traîner sur le seuil de cette prison sacrée, et serrer du moins les doigts de son enfant ; elle mourra seule sans que cette fille unique puisse lui fermer les yeux.

Et, pourtant, il y avait dans sa douleur une sorte de paix rayonnante, elle était heureuse et fière d'avoir donné sa fille au Seigneur. Ah ! il faut que notre religion soit divine pour demander de tels sacrifices.

## Morts chrétiennes.

30 mars 1878.

Je me suis fatiguée hier à force de pleurer et de vouloir m'en empêcher... et cela m'a pourtant fait du bien.

Je suis allée chez Marie C. pour ma visite de condoléance. Elle se trouvait seule, nous avons longtemps causé.

Elle ne versait point de larmes, elle souriait même quelquefois, et tout ce qu'elle me disait m'attendrissait singulièrement.

C'est qu'elle vient d'assister à des morts admirablement chrétiennes, c'est qu'elle a une foi vive et douce qui la console merveilleusement, c'est que ses récits me faisaient faire de douloureux retours sur moi-même... Hélas ! auprès de ces saintes, il me semble que je suis une vraie païenne !

Sa mère s'en est allée la première : elle avait bien rempli sa tâche ; quatre fils chrétiens, deux filles pieuses comme des anges, quelle belle couronne autour d'un lit de mort, quelles qu'aient été les épreuves ou les déchirements de la vie !

Julie, la plus jeune de toutes, est partie ensuite. Comme un esprit angélique elle a étendu ses ailes, elle s'est envolée doucement, laissant après elle un ineffable parfum.

Depuis dix-sept ans, la sainte enfant ne quittait plus son lit. La maladie l'a prise à dix ans et l'a ainsi dévorée lentement dans de terribles étreintes.

Jamais elle ne s'est plainte, jamais elle n'a consenti à ce qu'on fît pour elle ni neuvaine, ni pèlerinage... La foi ne lui manquait pas cependant... Mais cette sainte âme avait accompli un sacrifice sublime ; quoique bien enfant au moment où elle s'était sentie frappée, elle avait dit à Dieu : « Prenez ma vie, les belles années de ma jeunesse, mes joies, ma santé ; prenez tout, pour vous d'abord, ô mon Dieu — je vous les donne, heureuse de ne les donner qu'à vous, ô mon Dieu ! — et puis pour le salut de mes frères ! Que je souffre tant qu'il vous plaira, mais qu'au milieu d'un siècle où tant de jeunes hommes perdent la foi, ils conservent la leur et ne vous offensent jamais mortellement ! »

On a retrouvé cette admirable donation

d'elle-même dans ses papiers. Dieu l'a pleinement exaucée, on sait comment. « Jamais je ne l'ai regrettée ! » écrit-elle.

Mon Dieu, que c'est beau ! Je ne crois pas qu'on puisse rien trouver de plus beau dans le domaine des âmes. Comme cela éclaire d'un grand jour beaucoup de mystères de notre foi !

## Chrétiennes et libres-penseuses.

Juillet 1881.

M. Loudun m'envoie, sans s'en douter, d'abominables petits livres. — Je suis large pour les romans, mais quand on jette de la boue sur une robe sacrée, celle du prêtre ou celle du cardinal, celle même du ministre protestant, le dégoût me monte au cœur. J'ai honte d'achever ce livre, il le faut ! Quel métier ai-je donc accepté !

Quand je pense que c'est une femme qui a écrit ces petites horreurs, mon dégoût s'augmente encore.

Ah ! ils ont beau blasphémer, le contraste d'une véritable chrétienne avec une élève de la libre-pensée les confondra toujours : ils le savent bien, c'est pourquoi ils crient si fort contre la morale de l'Église et contre ses pratiques ; c'est pourquoi ils ne veulent plus de chrétiennes à leur chevet.

Une mère chrétienne ! J'ai vu pleurer un vieillard en se rappelant la sienne. Cette humble femme, si fidèle à tous ses devoirs, jeûnait encore dans un âge avancé, « pour expier ses péchés, » disait-elle. — « Vos péchés, ma mère ! s'écriait son fils, devenu prêtre et religieux, mais vous ne pourriez en nommer un seul ; ni ma sœur, ni moi, nous ne vous avons jamais vu commettre la plus petite faute ! » Et comme il la tourmentait affectueusement pour savoir ce qu'elle avait à se reprocher : « Eh bien, reprit la sainte et digne femme, j'ai été trop gourmande, j'ai trop cédé à mes goûts... j'ai trop aimé l'eau bien fraîche ! »

La morale des positivistes est tout autre ; mais quelle élévation, quelle force donne-t-elle à l'âme, cette morale de la jouissance et de l'instinct ? Grand Dieu, où retombons-nous, après avoir été élevés si haut par votre lumière. Nous vivons dans une clameur incessante de blasphème, dans une violence continuelle faite à la vérité, au bon sens, aux principes les plus fondamentaux de l'humanité... Quand fera-t-on donc une trouée dans cette foule de sophismes, pour reprendre le flambeau de l'Évangile ?... Ou bien, est-ce sans remède que nous nous acheminons à la décadence ?...

La jeunesse est si lâche, si efféminée, si incapable d'effort, si avide de jouissance malsaine...

## Mécontentes de la vie.

2 avril 1878.

Il y aurait une curieuse étude de mœurs à faire sur les dames X. que nous avons vues hier. Ces trois femmes à demi-ruinées, ces trois générations héritant de plus de préjugés que de rentes, se transmettant l'une à l'autre l'orgueil et l'envie qui les dévorent ; cette jeune fille qui vieillit déjà dans une irritation indicible, ne pardonnant point au genre humain le délaissement qu'elle subit ; ces trois visages à la fois bilieux et mielleux, sur lesquels le temps marque son passage, avec les différences de la décrépitude à la jeunesse envolée : tout cela fait tableau.

Z. est pétrie de passion, de jalousie, de colère concentrée ; son pâle visage s'allume parfois d'une rougeur effrayante, ses yeux étincellent. Elle me fait presque peur... On sent combien cette âme souffre, comme elle hait, comme elle envie ; c'est le type de la vieille fille restée telle par la plus cruelle nécessité, tandis que tout en elle aspire vers un état qui, dans ses rêves passionnés, lui semble réaliser le bonheur suprême. Hélas ! quand il n'y a ni vocation, ni attrait, quel terrible supplice ce doit être, quelle lutte imposent les convenances factices de ce monde et comme on comprend certaines fureurs contre la société !

## Philosophie chrétienne d'une bonne femme.

Avril 1879.

Je viens de chez une bonne femme, près de laquelle je voudrais pouvoir conduire tous les pessimistes, avec M. Caro en tête, lui qui les combat si mollement. — Ce Caro me donne plus d'humeur qu'eux tous, avec ses arguments philosophiques. Quand on ne s'appuie point sur le dogme, pourquoi condamner le système d'un autre ? Ce système, tel qu'il soit, n'a-t-il pas les mêmes droits à mon adhésion que le système contraire ? Si Schopenhauer, Leopardi ou Hartmann vont mieux à ma fantaisie que les beaux sermons du disciple attardé de Cousin, qui me blâmera dans le monde de la libre-pensée ? Quelle est donc l'autorité de ce moraliste éclectique qui veut m'imposer sa manière d'envisager les questions qu'il n'ose trancher nettement, qu'il ne peut résoudre sans la foi?

Mais revenons à ma brave femme. Elle est vieille, seule, pauvre, courbée sur un travail incessant. Sa mansarde est bien misérable... on la trouvera morte demain peut-être, sans aide ni secours dans son sixième abandonné. Elle ne se plaint pas, elle ne murmure pas, elle ne maudit pas ! Elle n'a été ni belle, ni heureuse même une seule heure en sa vie, et elle n'a ni mélancolique retour sur son passé, ni haine contre les heureux du présent.

Le dimanche elle assiste à la messe, puis elle s'en va quelquefois au delà des remparts, avec un morceau de pain dans sa poche, respirer les senteurs des plantes que Dieu fait naître. De sa lucarne elle salue le ciel ; dans les rues, quand elle reporte son travail et marche silencieusement par la boue et la pluie, elle admire aux brillantes vitrines les merveilles de l'industrie humaine. Elle ne déteste point la vie, elle ne craint guère la mort. Elle est chrétienne... Ah ! c'est la vraie philosophie !

## Demi-chrétiennes.

23 février 1875.

Notre prédicateur de Saint-Sulpice commente, non l'Évangile, mais Proud'hon. L'idée est originale : il veut faire comprendre à ces bonnes dames de la paroisse, à ces jeunes dévotes si gracieusement enguirlandées, où nous allons par le temps qui court, où nous entraîne le mouvement de dissolution commencé depuis cent ans. Cela les dérange un peu de leur petit train-train... elles avaient si volontiers oublié la Commune de 1871 ! Oui ! ce serait une bonne chose si on pouvait les réveiller un peu et leur faire comprendre qu'il ne s'agit plus maintenant d'être chrétienne à demi.

Chrétiennes sans pénitence, sans mortification, sans influence dans la vie de la famille, sans aucun renoncement au plaisir et à l'intérêt : voilà bien ce qui nous perd, voilà la grosse armée des lâches honnêtes gens, plus dangereux que Proud'hon avec toutes ses violences de langage.

## Le luxe des femmes.

24 avril 1875.

Je deviens morose et sombre, le genre humain me déplaît, je voudrais être journaliste et avoir de l'esprit pour flageller tous les abus, tous les torts, toutes les injustices, tous les scandales que je vois dans le monde... Voilà mon seul rêve maintenant. Rêve singulier et irréalisable.

Je ne comprends pas que nulle voix n'ait le courage de s'élever contre les impudences du luxe qui s'étale dans les rues, en dépit des maux du passé et des menaces de l'avenir.

Les toilettes de cette année me révoltent, ces robes serrées... ces chapeaux qui vous donnent des façons d'écervelées, cette désinvolture effrontée qu'on adopte avec fureur, tout cela est d'une suprême indécence. On dit que tous les temps ont vu des femmes extravagantes; mais ce n'étaient pas, sans doute, les plus honnêtes, comme de nos jours, où les chrétiennes elles-mêmes ne savent pas résister au torrent, tandis que le deuil et les maux de l'Église devraient leur inspirer une austérité salutaire.

Où va-t-on? où va-t-on?... C'est le cri, c'est le refrain de ceux qui réfléchissent, mais la foule insouciante court à l'abîme en riant.

## Chrétiens de surface.

6 mars 1875.

C'est une réflexion que je fais souvent, que

l'idée chrétienne est entrée dans bien peu d'esprits, même après dix-neuf siècles de christianisme. On serait tenté de croire au petit nombre des élus... ou de se laisser aller au doute universel, si on ne s'attachait fortement à cette main très miséricordieuse et très incompréhensible de la divine Providence, qui dirige les choses de ce monde d'une façon si mystérieuse.

Mais combien de gens, de chrétiens même, qui ne comprennent rien, absolument rien aux enseignements évangéliques, et dont les idées sont toutes païennes, toutes naturelles? Comment Dieu les sauvera-t-il, car, enfin, ils vivent au milieu de la lumière sans la voir?

Et si on voulait en France établir quelque Église de vieux-catholiques, combien de gens s'en accommoderaient? Notre temps n'a pas la spécialité de ces ignorances ni de ces affaissements de caractères : l'Angleterre, au seizième siècle, n'a-t-elle pas donné le spectacle d'une immense défection dans la foi, accomplie avec une étrange facilité?

Mais il y a eu et il y aura toujours le petit nombre des généreux : ceux-là sont le sel de la terre, le levain qui donne de la consistance à toute la masse, les élus par qui et pour qui subsistent le reste des hommes et tout l'univers. Leur sang c'est la semence qui fait croître et fructifier l'Évangile.

Tout cela je le pensais dernièrement en écoutant les récits de la brave Mme B. — Mme B. est une bonne femme, une excellente mère, une ménagère parfaite, elle se croit même une vraie chrétienne : elle ne l'est que par l'accoutumance ; c'est déjà quelque chose cependant, c'est ce petit reste d'habitude qui soutient ses autres vertus, sans qu'elle s'en doute.

La pauvre femme révère son mari comme un sage ; c'est son guide, son oracle, son prophète. Or son mari est une sorte de demi-savant, dont toute la science consiste dans la lecture des journaux les plus faux. Monsieur daigne pourtant honorer assez la religion pour ne pas en détourner ni sa femme, ni sa fille, pourvu qu'elles ne deviennent pas trop dévotes.

La fille unique du ménage B. a treize ans ; c'est une blonde enfant, douce, simple et gentille, que l'on couve avec une tendresse sans pareille. On croit avoir bien choisi ses lectures, en ne lui donnant que du Jules Verne ou du Jean Macé : ces jolis ouvrages sans couleur, sans parfum, d'où le nom radieux de Dieu est absent et qui évitent avec tant de soin la religion, pour se borner à des leçons qui n'ont d'autre mérite que de n'être point inconvenantes. On m'a montré avec fierté ces publications protégées par la franc-maçonnerie et qui, malheureusement, dupent encore tant de familles chrétiennes, malgré les plus sérieux avertissements. J'ai plaint à part moi cette enfant dont l'âme subit le contact de mains si impures ; les gants musqués dont elles sont couvertes n'en neutralisent pas le poison.

— « J'ai mille ennuis dans mon village, me dit Mme B., je suis brouillée avec le curé et lui en veux à mort ! Je vous assure que si M. B. le rencontre un de ces jours, il passera un mauvais quart d'heure... D'ailleurs je me suis déjà vengée et il sait s'il fait bon me blesser... Vous allez me dire que c'est mal de parler ainsi, mais que voulez-vous ? ce qu'il m'a fait est trop fort !

« Mon père, ma belle-sœur, ni moi, ne lui donnerons plus rien pour ses quêtes, rien pour son église ; nous ne louerons plus de bancs près du chœur ; nous le vexerons en toutes manières.

« C'est que nous sommes ainsi, nous autres ; nous voulons bien de la religion, mais nous entendons que le curé ne dominera point. »

Je laissai déborder ce torrent, on me raconta les méfaits du curé, les injures sanglantes qu'on avait essuyées Tout cela se résumait en des places d'église données à un concurrent, malgré des promesses soi-disant, en quelques allusions faites du haut de la chaire, quelques pointes, quelques piques échangées avec la sœur du curé.

C'en était assez pour scandaliser tout un pays, pour refuser de contribuer à l'ornementation de l'église, pour traiter le ministre de Turc à Maure, pour élever une fille si bien gardée dans la haine et la défiance de son pasteur, pour exciter un mari déjà hostile contre tout ce qui est religieux et clérical, pour soulever toute une famille contre le prêtre !

Je sais bien que les curés de village manquent trop souvent de tact, de mesure et de prudence. La plupart sont de pauvres jeunes gens du peuple, sans éducation, sans aucune habitude du monde, aigris par une opposition systématique, jetés par le genre de leurs études dans un monde tout différent du nôtre... Ah ! leur tâche effraierait des anges et ils sont si faibles !

## Pauvres de Paris.

Mon Dieu, pour m'apprendre à souffrir et à aimer les hommes, vous m'avez fait une loi de m'approcher du pauvre : c'est là que le cœur malade trouve la paix !

Les pauvres de Paris ne ressemblent pas à ceux de nos campagnes : ici la misère s'étale à nos yeux dans toute son horreur ; et, chose étrange, nous avons en nous cet instinct cruel, que nous pouvons être heureux par la comparaison du malheur des autres.

J'étais partie ce matin découragée et fatiguée de tout, je reviens presque heureuse après mes tristes visites. Dans un de ces misérables logements sans air et sans verdure, j'ai trouvé toute une famille qui s'étiole et souffre sans se plaindre. La fille aînée serait jolie, si ses yeux atteints par les scrofules n'étaient déjà à demi fermés. La mère est une pauvre et chétive créature épuisée par la misère ; mais ses traits conservent encore je ne sais quoi de calme et d'honnête qui fait bien au cœur. Elle bénit Dieu qui lui a donné un mari rangé et laborieux : « Quand nous sommes tous ensemble, me disait-elle avec un pâle sourire, nous

nous trouvons encore heureux. » Combien de riches n'en pourraient pas dire autant !

Une autre, toute jeune encore, est tellement contournée par une affreuse maladie, que sa tête pendante semble à peine tenir sur ses épaules. On a une grande difficulté à comprendre sa parole à peine articulée, et sous cette misérable enveloppe on sent pourtant une âme intelligente, sensible, le dirai-je ? charmante. Parfois ses yeux brillent d'un éclair de jeunesse et de gaîté, qui me réjouit plus que les plus beaux spectacles du monde. Quand on parle de ses enfants, comme ce pauvre visage s'anime ! il vient des flots d'éloquence sur ces lèvres paralysées.

Il y a chez cette femme un certain mouvement de fierté et de dignité, qui la relève d'une manière étonnante. Elle a une petite fille de cinq ans, une petite fleur blanche et délicate qui a crû au milieu des décombres et que le vent d'hiver brisera. Sa petite figure pâle, ses yeux noirs, les fils d'or de sa soyeuse chevelure font l'orgueil de sa mère.

Ah ! si au lieu de prodiguer l'argent pour acheter ces portraits de fausses ingénues de Greuse, maintenant si fort à la mode, un des riches de ce monde avait la bonne inspiration d'assurer la vie et l'innocence de ces jolies petites têtes blondes des mansardes, comme cela vaudrait mieux !

La mère me disait dernièrement avec un intraduisible accent de tristesse : « Ah ! que j'aurais été heureuse, si Nicolas avait pu faire sa première communion cette année ! L'année prochaine je n'y serai plus, et quand la femme manque, que deviennent les enfants ? »

Il est d'autres pauvres qui m'attendrissent moins, le vice est là à côté de la misère, ce sont de hideux intérieurs. Des mégères, le poing sur la hanche, l'œil effronté, la main rapace, la bouche remplie de mots cyniques. Des hommes, la pipe aux lèvres, le regard haineux, recevant votre aumône d'un air insultant et stupide... Oh ! tout n'est pas rose dans les visites aux pauvres.

Parmi tant de figures flétries ou dégradées, il en est quelques-unes vraiment remarquables. Je vois souvent un de ces hommes, un ouvrier maçon : on dirait un ancien Franc aux yeux bleus, au teint blanc et rose ; il porte les cheveux courts, la moustache pendante, il a une expression sauvage et fière, il ne lui manque qu'une framée. Quel admirable modèle il ferait, ses membres sont si bien proportionnés, son corps est si nerveux et si souple : souvent je me demande, en le regardant, ce que sont, auprès de la nature, les chefs-d'œuvre de l'art humain que l'on va admirer si loin.

Et pourtant le divin Artiste va lui-même briser son ouvrage demain peut-être. Ah ! il faut bien qu'il y ait dans l'homme quelque chose de plus grand et de plus beau que cette enveloppe déjà si belle, quelque chose qui soit pour le corps le principe d'une résurrection attendue par toute l'humanité, qui ne veut pas mourir.

30 mars 1870.

Il y a encore parmi les pauvres plus de sentiments délicats qu'on ne le croit ; et si on n'excitait pas sans cesse leurs passions et leurs convoitises, on trouverait bien souvent, parmi eux, ce fond de justice et de droiture, de résignation et de piété, que dix-huit siècles de catholicisme ont imprimé dans les âmes du monde moderne.

Ma pauvre femme paralysée, surtout, me le prouve bien : j'admire chaque fois que je l'entends cette malheureuse créature, dont l'âme reste si noble, si sensible, si tendre au milieu d'une pareille misère et de tant d'épreuves.

Elle me disait hier, en me montrant sa petite Catherine aux yeux bleus comme des myosotis : « Ma sœur aînée, qui a un peu d'aisance « et point d'enfants, m'a demandé de lui donner « cette petite. J'ai eu tort peut-être, mais j'ai « refusé ; on ne donne pas ses enfants, même à « une sœur, et tant que je vivrai, coûte que « coûte, je garderai les miens ! »

## La vie inutile.

17 février 1870.

J'ai trente ans, ou plutôt, comme le dit saint Augustin, c'est trente ans que la mort compte d'avance sur moi.

Quand je regarde en arrière et que je me demande ce qui me reste de ces trente années, qui, peut-être, sont plus de la moitié de ma vie, je suis épouvantée. L'avenir ne me promet pas une carrière plus remplie.

Est-il donc en ce monde des existences fatalement inutiles ?

Je ne le crois pas ; la Providence a dans son infinie sagesse des desseins secrets que nous ne pénétrons pas au premier coup d'œil, qui même quelquefois restent toujours cachés à nos regards.

Nous ne savons pas à quoi sert la petite fleur, qui s'incline un jour sur le miroir de la fontaine, s'y contemple et s'étiole, sans avoir réjoui aucun regard humain ; nous ne le savons pas, mais Dieu le sait. Il n'a rien fait en vain.

Si une voix du ciel me criait : « Viens ! voici le fil de ta destinée, prends-le ; ce que le temps en a déjà retranché, il t'est donné de le rattacher à la quenouille de ta vie ; tu peux, si tu veux, recommencer ces trente années... »

Je ne sais si j'en aurais le courage, ni le désir. Les jours de la première enfance ne méritent pas d'être regrettés ; de dix à quinze ans, l'âme lutte encore entre l'engourdissement et le réveil ; puis viennent les illusions, les fautes et les regrets... Est-ce que tout cela vaut la peine d'être recommencé ? Ah ! Dieu soit béni qui n'a pas doublé notre tâche !

Supporter jour par jour, heure par heure, la monotonie d'une vie en apparence inutile, voilà souvent le seul héroïsme qui nous soit demandé ; il en vaut bien un autre.

Mais nous envions toujours ce qui paraît éclatant, et nous préférons les désolations et les révoltes de notre orgueil à une sage résignation. Nous passons notre temps à attendre, à chercher, à nous désespérer, à rêver l'impossible, et la mort vient, qui nous entraîne avant que nous ayons accompli même le peu que Dieu demandait de nous. Nous n'avons pas su mettre à profit l'humble, unique, mais fructueux talent qui nous avait été confié.

Le 22.

Chose étrange, tout se tient dans l'ordre moral comme dans l'ordre physique. On ne peut toucher à un point, si petit qu'il soit, sans remuer tout le reste.

Ne sommes-nous pas nous-mêmes, comme le disait dernièrement un homme de talent, semblables à cette petite pierre qui imprime, en tombant dans le fleuve, un mouvement répété par des cercles infinis ?

Et c'est ce qui me console dans ma petitesse : si humble que soit ma place dans l'univers, elle m'y est assignée dans un merveilleux rapport avec la totalité des êtres.

## Mystère de la souffrance.

26 juin 1871.

Quelles affreuses misères en ce monde, et l'on se plaint des moindres souffrances !

Je vois de temps en temps une pauvre femme, dont les infirmités rappellent celles de Scarron, ce résumé de toutes les souffrances physiques. Cette femme ne peut être ni debout, ni couchée, ni assise, ses jambes se trouvent repliées sur elles-mêmes et tellement serrées que les chairs s'entament.

Le dos, sur lequel elle est sans cesse appuyée, ne présente plus qu'une plaie, chacun de ses mouvements lui arrache des cris atroces... Elle est couchée ou plutôt accroupie dans un misérable lit, au milieu d'une chambre infecte et sans air ; on ne voit pas même un coin du ciel de sa fenêtre étroite et basse. Et dans ce pauvre corps atrophié, lutte encore une âme pleine d'énergie, qui se débat contre la mort, qui ne veut point abandonner ce tronc informe qu'elle ne peut cependant redresser à son gré. Parfois, quand la douleur est trop vive, elle appelle la destruction à grands cris ; mais on sent que ses désirs cherchent autre chose, sans qu'elle s'en rende bien compte elle-même...

Pourquoi Dieu a-t-il affligé si cruellement cette malheureuse ? Fut-elle plus coupable que d'autres ? En devient-elle plus sainte... ? Ne cherchons point à pénétrer les impénétrables mystères secrets de la Providence...

« La plus prochaine disposition à l'erreur, dit Bossuet, est de vouloir réduire les choses à la dernière évidence de la conviction. » C'est là une tentation qui me tourmente trop souvent. Je ne suis en repos un instant que quand j'ai pu trouver une explication rationnelle à ma foi : c'est me troubler et me travailler bien vainement, surtout dans l'ignorance où je suis des questions les plus élémentaires. Je dessèche ma dévotion, sans aucun profit pour mon intelligence.

J'essaie cependant de ranimer celle de la pauvre malade. En général mes sermons sont courts, hésitants et touchent peu ; cela me désole, comme si je n'avais pas de belles choses à lui dire, mais rien qu'en regardant le crucifix suspendu à son lit je devrais être éloquente ! Un Dieu qui souffre comme jamais homme n'a souffert, quelle image à montrer à l'humanité ! Les dévots antiques devaient être tous des gens heureux, avec leurs divinités sensuelles et riantes ; comme notre Dieu est plus réel et plus vrai, il souffre.

Ma pauvre femme n'est pas tout à fait déshéritée en ce monde, d'ailleurs : le bon Dieu lui a donné un mari qui l'aime et la soigne avec un dévouement bien rare et bien touchant. Elle avait aussi un bon fils, dit-elle, mais il est parti pour la guerre et depuis Gravelotte on n'en a plus entendu parler. S'il pouvait revenir, je crois qu'elle oublierait tous ses maux.

## La Passion de Jésus-Christ et le mystère de la souffrance.

29 mars 1872.

Je suivais ce matin le chant de la Passion selon saint Jean, ce drame sublime qui, chaque année, remue si puissamment les cœurs chrétiens.

Comme le Sauveur est bon avec ses pauvres et faibles disciples, comme il prend en pitié leurs fautes et leurs défaillances ! Mais les hommes sont durs et ne pardonnent pas aisément. Un jour, quand nous ne verrons plus que Jésus seul, alors nous serons heureux, notre cœur n'aura plus de froissements à craindre, il ne sera plus repoussé, nous serons aimés et nous aimerons dans une extase sans fin ; mais, auparavant, il faut souffrir comme le Maître et avec lui.

O ma pauvre âme, écoute bien ! un jour tu

seras consolée. Tu as goûté peu de joies en ce monde... te souviens-tu d'un jour tout entier de bonheur ? Vois-tu, bien loin dans ton petit âge, vois-tu des larmes... ? et combien de sourires ? Depuis, des chagrins, des déceptions, de vagues tristesses t'ont poursuivis sans cesse... Eh ! bien, mêle tout cela au sang rédempteur, puis réjouis-toi : un jour tu seras heureuse comme tu rêves de l'être et bien au delà !

30 mars 1872.

Il me vient parfois à l'esprit de mauvaises pensées, je répète tout bas cette banale objection des âmes sensuelles : Dieu peut-il se plaire dans les souffrances de ses créatures ?

Mais réfléchissons un peu. Est-ce que les païens eux-mêmes, malgré leurs ténèbres, n'avaient point entrevu le mérite des souffrances supportées par le juste ? « Quel spectacle plus agréable à la divinité, disait l'un d'eux, que celui de l'homme de bien se débattant avec l'adversité ? »

Depuis la venue du Sauveur en ce monde, depuis le grand sacrifice accompli sur le Calvaire, l'homme a mieux compris encore l'économie du plan divin de l'expiation, et des milliers d'âmes se sont senties altérées d'une soif étrange, celle des souffrances.

Le monde ne veut pas comprendre ces choses ; il se rit des macérations des saints, il ne cherche plus à s'excuser d'être lâche et voluptueux, il s'en glorifie, il se croit sage en foulant aux pieds les sentiments de piété et de reconnaissance, le besoin d'expiation, si naturel au cœur humain...

25 octobre 1875.

Lu hier toutes sortes de choses qui m'ont donné la chair de poule... Un procès de sorcellerie dans mon journal allemand, avec tous ces détails, atroces ou infâmes, avec tous ces termes expressifs devant lesquels les Allemands ne reculent pas et dont ils sont si riches.

Vu se dresser devant moi tous les lamentables souvenirs du passé : les cruautés antiques, les turpitudes féroces du paganisme ; les guerres avec leurs victimes sanglantes, les troupeaux de captifs enchaînés ; les martyrs chrétiens et le raffinement de leurs tortures ; les barbares avec l'incendie et le ravage qu'ils portent partout ; les tortionnaires du moyen-âge, la question si injuste de l'ancienne procédure ; les excès des bandes noires, les atrocités des guerres de religion ; les horreurs commises par les Espagnols dans la conquête de l'Amérique, la traite des nègres ; les atrocités que commettent depuis si longtemps tant de peuplades encore sauvages ; puis la maladie, la hideuse maladie, plus savante que les bourreaux, s'attachant aux flancs de l'humanité ; la misère, la faim, les accidents terribles... Partout la chair pantelante et tourmentée, le sang coulant à torrents, les cœurs broyés dans la douleur et l'angoisse... Oh ! quelle vision affreuse !... Où donc sont les heureux sur cette terre ?... Dieu... ce Dieu qu'on dit si paternel et si bon, Dieu qui du haut de sa félicité éternelle voit tous ces maux, entend tous ces cris... Dieu... quel est-il donc ?

J'ai eu un instant de défaillance et j'ai fermé les yeux. Et ceci n'est point un morceau à effet, non ! ce que j'écris je l'ai éprouvé... Mes yeux plongés un instant dans cette nuit atroce, hantée de spectres douloureux, ont vu tout à coup, et comme dans un rayon de lumière, se peindre le divin Crucifié attaché tout sanglant sur l'instrument de son supplice. Ah ! comme j'étais ingrate ! C'est bien là le Dieu des victimes et des torturés. Il n'a pas trouvé sur la terre de place plus digne de lui que le gibet, l'y voilà cloué à jamais pour la consolation de ceux qui souffrent.

O mystère ! mystère profond où mon âme s'égare, il faut pourtant vous adorer !

## Mystère de la Providence.

28 juin 1871.

Je lis un livre que la ville de Paris donne en prix aux enfants des écoles communales ; ils n'y comprennent rien heureusement, mais ce n'est pas sans doute l'intention de la ville.

Je parle de l'Histoire de la littérature française par Gérusez.

C'est une bonne fortune pour l'Université que d'avoir mis la main sur un ouvrage semblable pour le présenter aux magisters et aux enfants. Il est d'apparence si modérée et il loue Voltaire et l'indifférence avec un air si dévot. Il admire Bossuet avec enthousiasme, puis il ajoute benoîtement, à propos de l'*Histoire universelle* : « Il est vrai que Bossuet, usant d'un privilège que les orateurs ne se refusent pas, passe à côté des peuples qui ne disent rien en faveur de sa thèse. Dans cet ordre d'idées, l'Inde et la Chine avec leurs innombrables populations auraient été des éléments réfractaires, il les élimine. »

Le trait est perfide, et les enfants n'ont aucune arme pour le parer, s'ils le comprennent. Ne m'a-t-il pas attristée moi-même, malgré une éducation chrétienne un peu plus développée ?

C'est en effet l'objection qui tourmente le plus ma foi, quoique je sache bien qu'elle n'est pas si terrible à résoudre qu'elle le paraît. Oui, tant d'âmes en dehors de cette loi évangélique, faite pour sauver le monde ; tant d'âmes privées de ce qui fait le bonheur de la vie chrétienne; tant d'âmes sauvées sans doute dans leur ignorance invincible, mais aussi tant d'âmes qui se perdent et se dégradent dans les ténèbres qui les environnent : voilà ce qui fait souvent la torture de ma pensée.

Je songe alors à cette belle image que j'ai lue quelque part et qui me console un peu dans les épreuves de mes doutes involontaires. Dieu, a dit quelqu'un, tisse une toile merveilleuse, qui doit représenter dans un ensemble parfait le dessin et le plan de la création ; sur la terre nous ne voyons que l'envers et nous trouvons les couleurs heurtées, les ombres trop fortes, les lignes brisées, le tableau confus.

Attendons au jour de l'éternité pour juger de cette œuvre divine, qui doit ravir nos âmes d'admiration et de reconnaissance.

Demandons seulement au suprême Artiste d'être entre ses doigts un instrument docile, un fil humble mais lumineux, qu'il ne soit pas contraint de rejeter dans ces grandes ombres nécessaires au tableau.

## Le mal dans la nature. La création. Idées divines.

8 avril 1874.

Avril si frais, si charmant, premier sourire de l'année, pourquoi es-tu si triste aujourd'hui et tous les ans ? On dirait que les saisons veulent s'harmoniser avec la disposition des esprits, avec les inquiétudes de l'heure présente. Ces beaux jours de printemps que chantaient les vieux poètes, ces belles matinées tout enveloppées de brumes rosées, ce renouveau qui charmait nos pères, toute cette fraîcheur et toute cette jeunesse de la nature, où est-elle ? Nos printemps se font froids et rudes, la vigne gèle avant de donner sa fleur, le ciel est sombre, il semble menacer toujours.

L'homme aurait-il reçu le pouvoir fatal de

tout bouleverser et de tout flétrir? Parfois on serait tenté de se dire que, sans lui, la nature se montrerait bien plus aimable. Et pourtant tout ce qu'elle renferme est fait pour lui, et sans lui n'aurait aucune raison d'être. Mais pourquoi l'homme n'est-il pas bon ? pourquoi ce roi de l'univers laisse-t-il le mal dominer sur son cœur ?

Il me vient souvent de tristes pensées à ce sujet, et la vieille légende du forgeron me poursuit comme un rire moqueur. Il avait enfermé dans un sac la légion entière des démons et les tenait là, sous un formidable cadenas que son art avait forgé. La terre respirait. Quel calme, depuis que les malins esprits étaient captifs ! Bientôt on s'en lassa, la maison du compagnon de saint Eloi fut assiégée par les députations de tous les métiers, qui venaient demander la délivrance de la légion maudite. C'étaient des avocats sans procès, des médecins sans clientèle, des ménétriers aux abois, des poètes se plaignant d'une monotonie qui les tuait... que sais-je? des fossoyeurs qui trouvaient qu'on mourait trop peu.

Tout cela ne donne-t-il pas à entendre que Dieu a su tirer le bien du mal même, et que nous ne devons pas trop maudire les conditions de notre lutte journalière !

J'ai pensé tout cela hier en parcourant les galeries des musées du Jardin des Plantes. Ces idées et bien d'autres traversaient mon esprit, puis s'éteignaient ; et quand on veut rappeler toutes ces folles échevelées et leur demander compte de leur course rieuse ou désolée, la troupe se disperse, peu répondent ou s'expliquent.

Mais que de merveilleuses choses j'ai vues ! Que l'homme est grand ! lui, dont le patient génie épelle le livre sublime de la création et parvient à y lire quelquefois.

Je voudrais connaître tout ce qu'on peut connaître des lois naturelles de ces règnes si variés, si admirables. Hélas ! j'en ignore le premier mot et je n'ai personne pour m'instruire. J'attends que mon âme puisse enfin se désaltérer à la source de toute science. Oui ! j'espère pour elle dans un monde meilleur tout ce que ses désirs embrassent ici-bas. Dieu ne la laissera pas toujours altérée. Adam voulut savoir trop tôt, et pourtant Dieu n'avait pas placé sans but ce désir dans le cœur de l'homme.

Depuis les os gigantesques du mammouth, jusqu'à l'œuf si délicat du colibri, que de merveilles dans ces galeries ! J'en suis sortie écrasée par un sentiment que je ne saurais définir ; cela me faisait mal dans tout mon être : pourquoi ?

Dieu renferme en lui-même le type éternel de ces choses : sans cela comment expliquer la création ? Quel monde immense et merveilleux que l'imagination divine ! Je m'exprime mal : Dieu ne reçoit point comme nous la réverbération des objets, puisque les objets ne sont eux-mêmes que le reflet de la pensée divine.

Il me semblait, en regardant hier les singulières créatures de Dieu rassemblées dans les galeries du Muséum, qu'il y avait dans ce grand être constructeur des mondes un côté joyeux, source de cette bonne et douce gaîté qu'il a mise en chacun de nous et qui est notre charmeresse dans les petits maux de la vie. J'espère qu'en disant cela je ne manque pas de respect au Créateur... mais ne croirait-on point qu'il a voulu faire la charge de l'espèce humaine en donnant à ces singes des faces si bizarres ? Il en est un dont le nez allongé, la mine piteuse a un faux air de vieillard morose, on ne peut le regarder sans rire.

## La mer.

Dieppe, juillet 1888.

La mer immense, argentée ou azurée, grondant, soupirant, frangeant ses bords d'une neigeuse écume, jouant rageusement avec le galet, balançant sur son sein ces énormes vaisseaux, ces barques légères, me font toujours l'effet d'un être animé, et je comprends les philosophes qui douent l'eau d'une vie propre. Ils se trompent assurément, mais l'idée me paraît poétique.

La mer, c'est la seule chose que l'homme ne puisse changer ni transformer. Il a percé les montagnes et comblé les vallons, il a tracé aux fleuves des cours nouveaux, mais, devant la mer, ses travaux les plus gigantesques ressembleront toujours à des jeux d'enfant.

La mer fait comprendre aussi que l'éternité ne soit pas trop longue pour contempler l'infinie beauté de Dieu ; car on passe à la regarder des heures qui fuient comme des minutes, et jamais cette contemplation ne lasse ni ne cause de satiété.

Aujourd'hui, je l'ai vue dans une de ses colères, — une colère d'été, disent les gens du pays, pour ne pas nous laisser l'illusion d'avoir surpris leurs grands flots dans toute la majesté qu'ils leur connaissent. Comme elle franchissait les obstacles, comme son écume courait en grondant sur le galet ! Parfois cette écume ressemblait à un fantôme, se soulevant, gémissant, puis retombant et se dissipant en imperceptible vapeur.

Les curieux riaient, jetaient des pierres aux flots, se disputaient ou échangeaient des lazzi insupportables. Ils gâtaient l'œuvre de Dieu. Et cependant, l'homme aussi est grand : voyez comme il brave les flots sur ces barques légères, comme il sait diriger au milieu des tempêtes ces magnifiques vaisseaux peuplés à l'égal d'une ville ?

Ici tout semble immense ; le ciel est sans limites, soit qu'il s'étende sur la vaste surface des flots, soit qu'il enveloppe ces vertes plaines dont l'œil aperçoit à peine l'horizon. Rien de charmant comme l'azur de ces profondes couches d'air, avec leur dégradation de nuances d'une douceur infinie, ces jolis nuages légers volant là-haut à la façon dont les barques aux voiles blanches courent sur les vagues. Quel artiste que le bon Dieu !

Les transformistes nous viennent dire: Tout

cela s'est fait progressivement, sous l'empire de lois aveugles. Les harmonies qui existent entre l'âme humaine et la disposition de la nature, seraient l'effet d'une conformité produite par le hasard? Ah! combien je me sentirais isolée et désespérée, si Dieu, le bon Dieu ne réglait plus en maître les forces de la matière; si, entre moi et le néant, et l'anéantissement, il n'y avait rien que la nécessité de l'évolution des êtres!

## La guerre.

16 juillet 1870.

Oh! la guerre est une horrible chose. C'est pourtant une belle chose aussi: le courage, le dévouement, les grands traits de l'amour patriotique, c'est elle qui les développe.

Le 19.

La guerre! toujours la guerre. On ne parle plus que de batailles et de tueries... O hommes, fils du même Dieu, souffrant ensemble sous le même ciel, se peut-il que vous vous acharniez ainsi à augmenter la somme de vos douleurs!...

Et pourtant, comme ce mot de patrie vous enivre, quand on la sent menacée; comme le cœur bat, rien qu'en entendant ce nom bien-aimé : « France ! » comme on comprend qu'il soit doux de mourir pour la défendre et la rendre plus glorieuse encore !

Étrange chose que la guerre ! on la hait et on l'aime en même temps, on la trouve hideuse et sublime.

Tout Paris est en mouvement depuis quelques jours, on entend partout retentir la Marseillaise :

Allons, enfants de la patrie,
Le jour de gloire est arrivé !...

Quel dommage que ce bel hymne guerrier ait été souillé par tant de bouches infâmes et sanguinaires ; les paroles et l'air sont si entraînants !

Malheureusement l'enthousiasme public n'est pas non plus aussi pur qu'on le désirerait. Que d'orgies depuis quelques jours, que de honteuses spéculations à la bourse ! Que n'envoie-t-on tous les commis et tous les boursiers aux frontières ?

Mon oncle me parle aussi du concile, il me dit qu'une lutte vient de s'y engager. Quoi ! entre ces hommes de paix il y aurait aussi des conflits !

Les esprits s'irritent, on accuse l'Église, et moi j'ai bien de la peine à retenir le murmure de ma pensée. Dans un tel moment, on se sent surexcité de toutes parts. Nos ennemis nous montrent avec orgueil les nations protestantes toujours progressant et se vantent que l'empire du monde va bientôt leur appartenir ; le nom si populaire, naguère, de Pie IX est maintenant jeté en pâture à la haine des foules. Tout va mal, bien mal...

Grand Dieu ! vous seul avez le secret de l'avenir, vous ne jugez pas comme jugent les hommes. Vous donnez parfois pour récompense à ceux que vous aimez l'ignominie et la persécution, à vos ennemis le succès et les richesses du temps. Nous ne pouvons que répéter comme vous nous l'avez appris : « Père, que votre sainte volonté soit faite ! » Mais, ô Seigneur ! c'est vous qui nous enseignez à vous dire aussi : « Que votre règne arrive ! » Oui, mon Dieu ! qu'il arrive ce règne de paix, de vérité et de justice, le règne de la fraternité parmi les peuples, de l'unité dans votre troupeau, de la liberté dans la justice... le règne de Dieu enfin !

Mais ce règne est-il promis à la terre ? c'est ici le combat, le royaume du Christ n'est pas de ce monde.

Le 29.

Que de maux et de tourments en ce monde ! Tout va à la dérive, une guerre effrayante aux frontières, l'Europe irritée contre notre pays, des divisions intérieures, Rome abandonnée par les soldats de la France, une politique pleine de fourberie, la corruption partout, beaucoup de lâches et peu de patriotisme... Où allons-nous ?

## Le Concile.

24 avril 1870.

Que je hais les mères de l'Église, qui brouillent tout en ce moment ; on raconte mille anecdotes ridicules sur Mmes *** qui, escortées de Serpentine, Couleuvrine et Vipérine X. se fourrent partout à Rome, essaient de diviser les évêques et se croient indispensables. Non ! tel n'est pas le rôle de la femme dans l'Église, il peut être parfois très grand, mais par d'autres moyens et d'autres côtés. Bornons-nous à prier et à obéir, c'est le plus sûr... c'est aussi le plus difficile. Quelquefois, on aimerait mieux lutter, dominer, faire triompher ses mesquines pensées, ses vues étroites.

J'espérais, moi, que ce concile allait réconcilier le monde moderne et l'Église, faire disparaître les malentendus, nous rendre la paix après tant de luttes... Comme si cela était possible, comme si le monde voulait la réconciliation, et comme si l'Église pouvait cesser d'être militante et persécutée, outragée et méconnue ! Comme si Dieu, pour sauver le monde et diriger ses élus, prenait conseil de la sagesse humaine ! S'il l'avait consultée, certes, il eût assis son œuvre sur d'autres bases.

## Toujours la guerre.

Avranches, 25 octobre 1870.

La nuit a été affreuse, noire, humide, chargée de miasmes étranges ; la pluie tombait à torrents, le vent mugissait : on eut dit les plaintes d'une armée de mourants. Il y avait de temps en temps des éclairs blafards, et le tonnerre ne cessait point de gronder.

Je songeais aux pauvres soldats agonisant dans les champs abandonnés, aux marches pénibles de nos armées, des armées ennemies aussi, de tous ces hommes amis ou ennemis que la guerre pousse loin de leurs foyers et fait errer pendant de longues nuits pour chercher à s'égorger au lever du soleil. Je croyais entendre le génie du mal ricanant sur des monceaux de cadavres, au milieu de ces ténèbres, et se félicitant de son œuvre.

J'avais un vrai cauchemar.

Que deviennent pendant ces nuits d'orage ceux dont on n'a plus de nouvelles, les pauvres enfermés de là bas? Leur visage ne quitte pas mon imagination, parfois je rêve que je vois du sang sur leurs traits et je me reproche de dormir ici tranquillement dans ce doux petit lit.

## Relèvement de la France.

31 octobre 1870.

Non, non, je ne veux pas croire que mon cher pays puisse jamais disparaître dans le sang et les ruines ; non, son œuvre n'est pas encore achevée en ce monde ; il se relèvera, je le sais bien, et plus fier et plus glorieux que jamais, pourvu qu'il repousse ceux qui n'ont plus ni foi, ni espérance, ni amour.

Ne soyons pas, nous autres chrétiens, nous crie l'Apôtre, comme ceux qui ont perdu toute espérance ; et l'un des nôtres nous envoya autrefois du sein d'une dure prison le traité de la Consolation. Ces malheurs raniment ma foi au lieu de l'abattre : on se sent plus visiblement conduit par la main de la Providence, au milieu de cette tourmente mystérieuse et terrible.

Puis, comme le cœur se dilate parmi ces épreuves, comme il s'élance vers Dieu, comme il reconnaît l'inanité des choses de ce monde, des attaches à la vie, des sentiments qui l'occupaient naguère ! Tout cela se brise ou s'évanouit, et on ne cherche plus que Dieu seul, son amour et sa vérité.

## Charité française.

Orléans, 18 avril 1871.

J'écoute avec intérêt les récits de la vieille Mme D., qui était ici pendant l'occupation prussienne. Mon oncle avait une ambulance dans ses magasins, et sa belle-mère Mme D. visitait chaque jour les malades qu'on y avait recueillis. Son grand âge et sa vénérable figure inspiraient un respect affectueux à tous ces étrangers. Les Français seuls, dans leurs frivoles habitudes, semblent avoir oublié ce sentiment commun aux différents peuples de la terre ; ils parlaient à cette femme de quatre-vingts ans avec le ton léger et toujours goguenard qu'affectent les gens élevés dans notre pays. En France, on s'est tellement raillé des plus saintes choses, que les formules de respect les plus touchantes semblent ridicules ou affectées.

Un Arabe qu'on avait ramené d'un champ de bataille, dès le commencement de la guerre, affreusement mutilé, resta longtemps chez mon oncle ; il ne parlait pas français et le seul mot qu'il pût retenir était : Maman. Il aimait à s'asseoir près de la vieille dame, essayait de jouer aux cartes avec elle et lui prenait souvent les mains pour les lui baiser, en répétant d'un air reconnaissant et heureux : Maman, bonne maman !

Tous les Allemands l'appelaient ma mère. Un jeune Bavarois, presque enfant encore, l'appelait près de son lit et se plaisait à être soigné par elle ; et puis, pour la remercier de son mieux, il lui disait le peu de français qu'il savait : « Amour à *Moutter* (mère) ! » murmurait parfois, les larmes aux yeux, le pauvre enfant qui souffrait si loin de son pays et de sa mère.

Il semble que la guerre devrait rendre plus humain et dégoûter d'elle-même ; peut-on voir souffrir même un ennemi, sans le plaindre et sans essayer de le soulager ? Peut-il ne pas se sentir touché des soins dont on l'entoure sur une terre étrangère, et de cette réciprocité de bons sentiments, pourquoi la paix ne vient-elle pas à naître parmi les nations? Ah! quand nous souviendrons-nous que nous sommes tous les enfants d'un même père ?

## La Commune.

28 avril 1871.

Ce que l'on raconte des excès de la Commune est affreux. Les femmes y sont pires que les hommes. La religion les avait faites si dignes, si respectées, si aimables au foyer chrétien : et elles ont voulu descendre jusqu'à l'abjection, je ne dirai pas antique, mais phalanstérienne, ce qui est mille fois pire. Elles ont voulu être les égales de l'homme, et voilà qu'elles le surpassent en infamies et en cruauté.

Nous allons vers un abîme qui m'épouvante ; peut-être que l'heure prédite par l'Évangile, l'heure terrible aux élus eux-mêmes, ne tardera pas à sonner. Il faudra alors, comme le dit le voyant de Pathmos, que tout homme reçoive le caractère de la bête, et ceux qui s'y refuseront pour rester fidèles à Dieu seront poursuivis, traqués, massacrés par tout l'univers.

Il faut pourtant que le nombre des élus et

des martyrs soit rempli, le monde ne subsiste que pour cela.

Les signes du temps sont effrayants : le Souverain Pontife prisonnier et abandonné, la France affaiblie moralement, plus encore que par ses récents désastres, les nations protestantes courant toutes au rationalisme, pour ne pas dire à l'athéisme, et les athées persécutant en tout lieu l'idée religieuse. Ah ! que l'avenir est sombre... Mon Dieu, donnez-moi du courage quand l'heure de vous rendre témoignage sera venue !

11 novembre 1875.

L'abbé Sire nous a raconté en détail ses aventures pendant la Commune. Il y aurait de quoi faire une relation bien intéressante. Et quelles contradictions dans l'esprit de ces hommes, tantôt féroces, tantôt doux comme des moutons, faciles à tromper, ou bien défiants à l'excès ; acharnés contre les Jésuites, et quelquefois obéissant malgré eux à l'ascendant du prêtre.

## France de Saint Louis et France d'aujourd'hui.

27 juin 1874.

Si l'on m'avait vue hier toute en larmes et qu'on

m'eût demandé pourquoi je pleurais, il est probable qu'on n'aurait pas voulu croire à ma réponse. Et cependant cela est vrai : je pleurais, de toutes mes larmes, en lisant, pour la centième fois, les récits de Joinville, ce bon sénéchal de Champagne, que j'aime pour mille raisons, et en particulier parce qu'il est mon compatriote. L'Évangile, l'Imitation, les mémoires de Joinville, l'Iliade et Shakespeare, voilà des livres !... les trois premiers surtout !... Et je ne crois pas que ce soit une profanation, que d'en compter trois qui vous rendent vraiment hommes, qui vous élèvent jusqu'à Dieu : l'Évangile est divin, la vie des Saints n'est que son reflet, un reflet qui accoutume nos yeux à la grande et sublime lumière. Saint Jean, saint Louis ! quelles âmes !

Je pleurais hier, parce que je voyais autour de cette douce et grande figure du roi Louis tant de nobles visages ; parce que je trouvais, dans ces pages naïves et fortes, tant de traits sublimes, tant de bravoure, de loyauté, de gloire, une France si grande dans ses épreuves mêmes; et puis, qu'en me retournant vers le présent, je le trouvais si triste ! Ni un homme capable d'être roi, ni d'autres hommes capables d'être sujets !... notre bravoure amoindrie, notre caractère effacé, nos ennemis triomphants, la France frivole, sceptique, goguenarde, s'amu sant toujours, tourbillonnant dans le plaisi ou s'étendant nonchalamment dans l'indiffé rence et l'apathie. Plus de fortes conviction plus d'espérances au-delà de la tombe, plus d croyances et plus de respect.

O Joinville, si vous reveniez, si vous voyie nos maux, nos hontes, notre impuissance a milieu d'une civilisation qui devrait nou rendre si forts ! Vous si loyal, si chrétien, s français, si brave, oh ! si vous voyiez, si vou entendiez ce que nous sommes condamnés voir et à entendre tous les jours, vous ne pour riez jamais croire que ce soit là une terr chrétienne !...

## Alsaciens.

Octobre 1873.

M^lle^ *** ramène avec elle un petit Alsacien, qu L... et moi l'avons aidée à faire entrer au sémi naire de Chartres.

C'est un joli enfant, un peu chétif pour so âge, blanc comme un cygne, avec de grand yeux noirs, profonds et doux. Il n'est ni em barrassé ni étonné de tout ce qu'il voit pour la première fois ; il n'est point hardi pourtant ıais nous a remerciées avec une convenance arfaite. C'est l'aîné de six enfants ; sa pauvre ıère l'a vu partir avec bien des larmes, mais lle l'envoyait courageusement à l'Église et à a France. Ce qu'il nous a naïvement raconté le l'Alsace et des Prussiens, son air si résolu et on indignation, si vraie et si enfantine, m'ont ivement émue.

Depuis qu'on a chassé les Jésuites d'Alsace, on petit frère, qui n'a que neuf ans, s'est pris ı déclarer hautement à sa mère que, quand il serait grand, il se ferait Jésuite. « Ah ! mon enfant, lui disait un jour le vieux curé de son village, tu choisis là un mauvais métier ; vois, on les chasse partout ! — C'est pour cela que je veux aller avec eux ! » répondit fièrement l'enfant.

On le voit, la persécution est bonne à quelque chose ; elle affermit les caractères et produit les grands cœurs.

Mon Dieu ! bénissez ces pauvres enfants de la malheureuse Alsace ; consolez ces familles, si nombreuses et si chrétiennes, dans les sacrifices qu'elles s'imposent pour leur foi.

## En barque.

Près Orléans, avril 1871.

En allant à la messe ce matin, nous avons rencontré M. le curé dans l'allée de Coënon ; il était en étole et en surplis et s'en revenait de chez un malade. Sa barque l'attendait, il nous invita à y monter avec lui. Le sacristain ramait et un enfant de chœur, blond comme un chérubin, soutenant une lanterne dorée, était assis à la poupe. La matinée s'annonçait délicieuse, le soleil étincelait sur la nappe satinée de la rivière ; je n'avais pas peur cette fois, dans cette sainte barque qui venait de porter un Dieu.

Je songeai pendant le trajet à la vie terrestre du Sauveur. Il aimait tant les nacelles des pêcheurs de Judée, les plages, les filets, les belles eaux des lacs de la Palestine et les grands flots soulevés par la tempête...

## Saint Joseph.

19 mars 1870.

Jamais le culte de saint Joseph n'a été plus nécessaire qu'en notre temps : c'est pour cela que l'Église, dans sa maternelle sagesse, lui donne une extension si grande.

Saint Joseph, c'est le modèle du travailleur humble avec dignité, courageux dans les rudes labeurs de la vie ; n'enviant pas les riches, n'oubliant pourtant point la noblesse de son origine ; au milieu de ses durs travaux, cheminant joyeusement sous l'œil de Dieu, dans l'âpre sentier de l'épreuve et de la pauvreté.

Saint Joseph, c'est le type de l'honneur et du respect de soi-même, de la pureté, du dévouement désintéressé ; c'est le protecteur des familles, c'est l'ami sûr, c'est le père tendre, c'est le cœur bon et loyal par excellence, c'est le juste, c'est le parfait serviteur de Dieu. Si son exemple était mieux médité au foyer domestique, dans les ateliers et dans les chaumières, nous ne serions pas tombés dans tant de maux et de hontes.

## Toussaint.

1er novembre 1872.

J'aime, entre toutes, cette belle fête de la Toussaint, qui apporte tant d'espérances à nos cœurs fatigués.

Il y a là-haut des martyrs dont le courage m'affermit, des âmes oubliées et méprisées qui triomphent maintenant dans la gloire, des saints qui ont vu comme nous les jours mauvais se lever sur la patrie terrestre, dont le cœur s'est serré au récit des progrès du mal, mais dont l'indomptable résistance et l'espoir toujours ferme est pour jamais récompensé dans un monde meilleur.

Et tous ces saints ce sont nos frères. Ils nous crient : Courage ! courage, en haut les cœurs ! Un jour vous contemplerez avec nous la grandeur mystérieuse du plan divin, et vous comprendrez pourquoi, sur la terre, le mal triomphe et les bons souffrent et pleurent.

## Le Sacré-Cœur.

17 juin 1873.

Il y a deux cents ans qu'une pauvre religieuse, abîmée dans l'extase de sa piété, se sentait transportée; par une vision céleste, dans un monde tout nouveau.

Personne ne la connaissait, et les chrétiens d'alors se débattaient dans les étreintes du jansénisme, de l'incrédulité et d'une immoralité sans frein. Et pourtant, la voix de l'humble fille qui parlait de l'amour de Dieu pour les hommes ne put être étouffée, ni par l'indifférence, ni par le mépris, ni par le sang ; elle alla droit au cœur de l'humanité, qui, quoi qu'on fasse, aura toujours besoin d'un cœur plus grand que le sien pour refuge et pour appui. Le monde a traversé bien des révolutions depuis les jours de Marguerite-Marie, il a vu passer des conquérants célèbres qui, déjà, sont oubliés, il a entendu tomber avec fracas bien des institutions séculaires, il s'est senti secoué par de terribles tourmentes ; il a encore le front dans l'orage et les pieds sur le gouffre, et pourtant il se souvient de l'humble apôtre d'une dévotion nouvelle ! Hier, on posait solennellement la première pierre d'un temple dédié au Sacré-Cœur, destiné à protéger Paris de son ombre, et le monde chrétien se pressait dans les églises pour affirmer sa foi, son obéissance au Souverain Pontife, son union dans la même pensée d'amour et d'expiation.

L'obscure religieuse de Paray-le-Monial, en voyant ce grand spectacle du haut du ciel, pouvait chanter comme la Sainte Vierge :

« *Magnificat anima mea Dominum... quia fecit mihi magna, qui potens est !* »

O Église catholique ! ceux qui te blasphèment ou te méprisent sont bien petits devant ta puissante vitalité ; ils ont beau te frapper par derrière, tu les dévores, tous, dans ta course vers l'éternité.

Je songeais à tout cela, hier, au salut de Saint-Sulpice ; l'église était comble et tout le monde chantait avec enthousiasme le refrain si connu :

Sauvez Rome et la France
Au nom du Sacré-Cœur !

La France ! c'est un mot enivrant, tous le répétaient avec délices devant Dieu et, en quittant l'église, j'entendis ces hommes qui restent debout pendant nos saintes cérémonies et qui n'y assistent souvent que par curiosité, chanter aussi de toute leur âme :

Sauvez Rome et la France !

Moi, je ne pouvais chanter cela, j'aurais trop pleuré ; je le disais au fond du cœur.

12 mai 1874.

On célèbre aujourd'hui la fête du Sacré-Cœur. J'aime cette dévotion, quoique la forme avec laquelle on la présente parfois soit romanesque et me scandalise souvent. Mais il faut l'épreuve dans toutes les choses de la foi. « *Tolle pannos* ! ôtez ces langes ! disaient les hérétiques des premiers siècles, et nous adorerons le Dieu incarné. » — « Descends de la croix, disaient les juifs, et nous te reconnaîtrons pour le Fils de Dieu ! »

Je demanderais volontiers qu'on me supprime ces extases et ces tendresses étranges de la bienheureuse Marguerite-Marie ; mais non ! mon Dieu, je veux être plus simple dans ma foi. Vos pensées ne sont pas nos pensées, et nous faisons profession de croire à la folie de la croix.

Combien avons-nous besoin de ce refuge de votre Cœur ! Voyez, nous nous enfonçons dans l'abîme ; les violences, les menaces des partis augmentent de jour en jour ; ô Jésus, réveillez-vous, nous périssons ! Jetez donc un regard sur la France, sur l'Allemagne, sur l'Espagne, sur Rome profanée... Laisserez-vous anéantir votre Église ?

Ah ! j'ai bien prié, et cependant j'ai peur... J'ai prié saint Jean, c'est le premier adorateur du Cœur sacré de son divin Maître. C'est là qu'il cachait sa tête fatiguée des disputes de ses condisciples, des menaces de Judas, de la haine des Juifs ; c'est là qu'il dormait si doucement !... Un jour il fallut s'éveiller et se jeter de nouveau dans les luttes de ce monde, mais Jean était devenu invincible à la source de l'amour.

## Saint Jean.

27 décembre 1878.

Saint Jean, saint Jean... le plus heureux des saints, le plus heureux des hommes. Saint Jean, le bien-aimé du Sauveur... J'ai bien pensé à lui ce matin. Oui, vous avez été heureux, ô Jean, dans les délices de l'amitié divine, et pourtant elle vous a fait bien souffrir. Vous souvenez-vous de vos angoisses, quand, reposant sur la poitrine sacrée, vous pensiez aux menaces planant sur la tête si chère de votre Maître ? Vous entrevoyiez un lointain si effrayant, vous le sentiez se rapprocher et vous enlever ce que vous aimiez. Cependant vous ne disiez pas comme saint Pierre : « A Dieu ne plaise, Seigneur, non ! cela ne vous arrivera point ! » Vous avez tout accepté avec le divin Maître, vous avez souffert en silence comme lui, et votre martyre a été si grand que Dieu ne vous a pas demandé le martyre de la chair comme aux autres apôtres : quelles tortures eussent égalé celles de votre cœur à cette heure suprême ?

## Petite dévotion.

31 mai 1873.

Je voudrais écrire contre la petite dévotion à la mode de notre temps; mais, en la désignant, on craint souvent de frapper la vraie dévotion, dont les délicatesses sont toujours respectables ; de sorte qu'on se tait et que les mesquineries et le mercantilisme dans la piété vont leur train.

Le Souverain Pontife s'en est ému, il vient de faire condamner les plus dangereuses de ces exagérations dévotes ; malheureusement il y en a qui sauront échapper à la censure, d'autant plus qu'un certain commerce, vivant uniquement de ces nombreuses petites pratiques, saura les défendre et les couvrir de beaux, de spécieux dehors.

Il y a une petite littérature dévote, un petit art dévot, des petits cantiques et des petites prières qui me sont *zuwider* [1], comme disent les Allemands. Et je ne pense pas que l'on puisse les excuser, en soutenant que l'exagération en ce sens n'a rien de dangereux : les ridicules et mesquines inventions auxquelles on se livre font beaucoup de mal à la religion, en prêtant

1. « Qui me sont *contraires*. »

le flanc aux récriminations des impies, en troublant certaines âmes de bonne volonté et en altérant le bon sens chrétien dans les masses fidèles.

On en est venu, dans un certain monde religieux, à ne plus goûter que le laid et l'absurde en fait d'art. Les petites images pieuses n'ont de vogue que quand elles sont surchargées d'emblèmes mystiques, aussi maladroitement rendus que ridiculement conçus.

Personne, que je sache, n'a encore protesté contre ces Vierges de Lourdes, qu'on n'a su faire idéales qu'en les privant de toute forme humaine et en les exécutant contre toutes les règles de la plastique.

Des artistes étudient pendant de longues années, concourent par des travaux assidus à des prix ardemment disputés, visitent l'Italie et la Grèce, travaillent avec obstination pour nous faire des Vénus ou des Salammbô : et, nous autres chrétiens, nous n'avons pas la moindre exigence pour l'œuvre qui doit présenter à nos vénérations le type le plus achevé de la grâce, de la beauté céleste ! Nous acceptons des mains du premier ouvrier venu l'image de Celle à qui l'Esprit-Saint répète dans les siècles des siècles : « Vous êtes toute belle, ô ma bien-aimée ! » de Celle dont la vue doit faire monter nos pensées vers les régions élevées de la suprême beauté.

Ou bien encore, nous nous contentons d'une figure pâle, lymphatique, poitrinaire, aux joues enfarinées comme celles d'une poupée, dont le doigt sans phalanges soulève un coin du vêtement, pour nous montrer un cœur de papier rouge, tandis qu'à ses pieds une religieuse aux regards passionnés, aux gestes étranges, semble prête à s'élancer... Et nous appelons cela le Sacré-Cœur ! Et les braves femmes se pâment d'aise devant ce groupe, en disant tout bas : Ah ! comme c'est joli !

Mais nos ancêtres du moyen-âge s'indigneraient contre nous ! Leurs représentations, si naïes qu'elles soient, conservaient toujours le caractère de leur foi profonde ; les plâtres coloriés de l'industrie moderne n'ont rien de divin, rien de digne de l'humanité du Sauveur. C'est, j'ai honte de le dire, de la pacotille dévote.

Et cette petite littérature des journaux pieux, payée à tant la ligne, qui ne la connaît ? Pourtant on ne s'en plaint point, il y a même des bonnes âmes qui la savourent avec délices, qui la préfèrent à l'Évangile et à l'Imitation.

Voilà comme le sens chrétien devient oblitér par l'habitude !... J'ai, là, sous la main, l'*Ech de*... (mais je ne veux point faire de désignatio particulière) : il est non seulement mal écrit mais inconvenant et je suis bien sûre que l théologie n'y est point respectée.

Elle est si belle la théologie catholique, et s peu connue ! Le vulgaire aime bien mieux cette nourriture indigeste, ces breuvages tièdes ou frelatés ; mais je voudrais qu'au lieu de céder à ces caprices d'un estomac faible, on cherchât à reconstituer un vigoureux tempérament à ces âmes de bon vouloir.

A qui porter ma plainte, à qui crier ?... Je me tais, car on ne m'écouterait pas.

J'ai peur aussi d'aller trop loin ; il y a dans mon âme une certaine recherche, un certain manque de simplicité, une certaine disposition à raisonner sans cesse, qui me rendent très rebelle à une dévotion affectueuse. Dieu me garde cependant d'approcher du jansénisme, car je l'ai en horreur !

## Mlle Guillarme et la sainte Robe d'Argenteuil.

**23 mars 1875.**

L... est fort affairée par la succession de

Mlle Guillarme, dont elle se trouve comme une sorte d'exécutrice testamentaire. Il y a, chez la pauvre défunte, une foule d'objets de piété que l'on trouve rarement dans les maisons modernes. Ce sont des disciplines, des images singulières et des reliques en abondance.

La bonne fille semblait s'être attardée en notre siècle ; ses visions, ses miracles, sa foi naïve, ses austérités effrayantes ont quelque chose du moyen-âge.

Pour moi, je verrai longtemps, si Dieu me prête vie, cette douce et pâle figure, éclairée par deux grands yeux bleus intelligents, pleins de gaieté, malgré ses souffrances et ses privations ; ce sourire, enfin, gracieux et presque enfantin, tant il gardait d'innocence et de sérénité.

Ce fut cette pauvre fille, cette simple ouvrière, qui eut la première pensée de remettre en honneur les reliques délaissées de la sainte Robe d'Argenteuil ; elle y parvint à force de quêtes, de sacrifices, de persévérance et de zèle : si bien qu'on pourrait écrire son nom dans les archives de l'ancien monastère, après ceux de Charlemagne, de Louis VII et de Henri III, après ceux d'Héloïse et de Marie de Guise, de tant d'autres illustres personnages inséparables du souvenir d'Argenteuil (1680).

7

Cette sainte Robe du Sauveur, que la tradition dit avoir été tissée par les mains virginales de la Reine des Anges, fut envoyée, assurent les chroniques, par l'impératrice Irène à Charlemagne. Retrouvée sous Louis VII dans un vieux mur, où elle avait été enfouie pendant les courses des Normands, elle fut singulièrement vénérée durant tout le moyen-âge. Calvin en parle dans un de ses écrits, pour en contester l'authenticité ; mais il ne réussit point à en éloigner la foule, qui continue à venir lui demander des miracles jusqu'au moment de la Révolution.

M^lle^ Guillarme trouva la précieuse relique dans un état de délabrement complet. La châsse de vermeil où M^lle^ de Guise l'avait fait renfermer, au dix-septième siècle, avait été fondue pendant la Terreur ; l'humble ouvrière parisienne en fit faire une nouvelle et recueillit, on ne saurait trop expliquer comment, 10 000 fr. pour la payer.

En reconnaissance de ce grand zèle, l'autorité ecclésiastique du lieu lui donna quelques morceaux de la sainte Robe, que beaucoup de personnes vinrent vénérer chez elle et qui opérèrent, assure-t-on, plusieurs miracles. Mais, le premier moment de vogue et de ferveur passé, Jenny ou plutôt Jeanne Guillarme retomba dans son obscurité, ainsi que ses reliques.

Notre temps se défie toujours des miracles et du surnaturel ; le moyen-âge semble avoir eu le défaut absolument opposé, il voulait du merveilleux à tout prix. Ainsi des historiens, très sérieux, de ce temps assuraient que cette tunique divine avait crû en même temps que le corps du Sauveur, de façon à le vêtir homme fait, après l'avoir vêtu enfant... Comme si le caractère de l'Homme-Dieu, venu en ce monde pour nous donner l'exemple du travail et de la résignation dans l'indigence laborieuse, permettait de supposer qu'il recourût sans cesse aux prodiges, pour s'éviter, à lui ou à sa sainte Mère, quelques-uns des soins et des soucis domestiques !

## P. Alph.-M. Ratisbonne.

Juillet 1878.

L'abbé D... nous a raconté un trait du P. Alphonse-Marie qui m'a vivement intéressée.

Ce Père, qui est resté en bonnes relations avec sa famille, était allé faire une visite à Mgr Raess[1],

1. Évêque de Strasbourg.

il y a quelques années, accompagné du grand rabbin son frère. L'évêque les invita tous deux à dîner. — Le grand rabbin enchanté demanda à son frère d'essayer de déterminer le prélat à dîner aussi chez les juifs. Mgr Raess y consentit ; il fut si aimable que, le lendemain, la famille Ratisbonne dit au religieux : « Demandez-nous ce que vous voudrez, nous vous l'accorderons pour vous prouver combien nous sommes heureux de la visite de l'évêque. »

« Mes frères, reprit le P. Alphonse-Marie, vous le savez, notre peuple criait au moment de la Passion : Que son sang retombe sur nous et sur nos enfants. Moi, prêtre catholique, j'offre chaque jour ce sang précieux qui pèse sur notre race ; donnez-moi un calice et je demanderai chaque jour que ce sang ne retombe sur notre race qu'en bénédictions ! »

Le lendemain, on apportait au Père une magnifique chapelle de la valeur de 15000 fr. Depuis, chaque jour, le sang du Christ est offert à Jérusalem même, dans ce calice donné par une famille juive, et le P. Alphonse-Marie prie pour son peuple en l'offrant comme sacrificateur.

## La « Fille de Roland ».

22 mai 1873.

Heureusement que je ne vais pas souvent au spectacle ! je me passionnerais trop pour la scène. Toute cette nuit je n'ai fait que rêver de Roland, d'Olivier et des douze pairs.

Nous les avions vus représentés *au naturel* sur le théâtre du cercle Montparnasse. Les directeurs ont coupé, fort habilement, les scènes de la Fille de Roland de manière à pouvoir donner un ensemble assez satisfaisant de la pièce, en ne gardant que les rôles masculins.

Les passages patriotiques, les allusions aux glorieux vaincus, les vers où le nom de la *douce France* résonne si harmonieusement ont été conservés avec grand soin, comme on le pense bien ; le nom divin du Christ se rencontre parfois, salué de tout l'amour des Francs, et toutes ces belles, saintes, émouvantes choses ne manquent point de transporter les cœurs.

J'aurais voulu pouvoir me cacher dans quelque coin pour y sangloter à mon aise. Oh ! quel dommage que le théâtre soit si rarement consacré à de si saines émotions !

Ce pauvre petit cercle d'ouvriers, il s'était

mis en frais ; la cour de Charlemagne n'était vraiment pas trop mal costumée. Il me semblait que la couronne de carton du grand empereur m'éblouissait et le fils de Pépin se drapait très majestueusement dans son manteau d'hermine et de brocart. A un certain moment, Charlemagne devint grand comme le monde, ses grands bras paraissaient toucher le ciel. Je ne voyais plus l'acteur, mais cette figure immense de Charles était réellement évoquée devant moi... Hélas ! hélas ! m'écriais-je intérieurement, Charlemagne, où es-tu ?

Le duc Nayme avait tout à fait bon air ; s'asseyant avec l'aisance d'un grand seigneur et rejetant son manteau rouge en arrière, il parlait d'une voix un peu chevrotante qui faisait merveille. Quant au héros du drame, au fils de Ganelon, je lui reprochais ses trop longs bras, ses mouvements un peu brusques, avec une figure de jeune fille. Cependant il eut deux moments d'un vrai pathétique : l'un, en montrant la croix de son épée et en jurant de combattre pour le Christ ; l'autre dans la scène si attendrissante où, reconnaissant en son père le traître abhorré, il lui garde tout son respect et tout son amour de fils, mais renonce, à cause de sa honte, à la main de Berthe : « Je ne vous maudis pas ! s'écrie-t-il, mais laissez-moi pleurer ! » et il tombe anéanti sur un escabeau. Ganelon était peut-être le meilleur acteur de la pièce, et son jeu, quoiqu'un peu exagéré, touchait tellement que notre S... ne pouvait se consoler de voir ainsi tourmenter un homme si repentant !

Avant la représentation, M. Léon Gautier nous avait entretenus, assez longuement, de sa chère chanson de Roland, de Charlemagne à la barbe fleurie, de Ganelon inventé par le génie français qui ne peut supporter une défaite sans l'attribuer à la trahison, des Sarrasins qui furent *tout simplement* des Gascons, et surtout du preux Roland dont la façon d'aimer ne ressemblait guère à celle qu'on lui a prêtée depuis.

M. Gautier se prétend prédestiné à se passionner pour cette vieille épopée ; n'a-t-il pas trouvé, dans un manuscrit de la chanson de Roland conservé à Venise, son nom, son propre nom, avec celui des héros : Gautier-Léon ? il n'en revient pas d'aise. L'ambition de M. Gautier, et — c'est là une noble ambition, à mon avis, — serait de faire bien admettre par les Français la supériorité de leurs chants nationaux sur ceux des Grecs, de donner à la chanson de Roland le pas sur l'Iliade, de faire préférer le *neveu* de Charlemagne à l'Achille des Grecs. Le neveu de Charlemagne ! il paraît qu'il ne le fut point du tout, mais la légende aime à rapprocher ses héros du trône. M. Gautier démontre comme quoi cette légende, qui a transformé progressivement le désastre de Roncevaux en une sublime épopée, est bien d'origine française. Que les Allemands ne viennent donc plus revendiquer Charlemagne ! Il nous appartient, et la preuve la plus éclatante est que nous l'avons su si bien chanter, au lieu que l'Allemagne est muette sur sa gloire et ne répète que tardivement les échos de notre enthousiasme national.

L'auteur des *Épopées françaises* n'a pu résister au désir de lire quelques passages de la chanson de Roland : son accent ému les a fait merveilleusement ressortir, tout le monde pleurait, on applaudissait. Il a fait quelques remarques sur la peinture de ces vieilles mœurs, mêlées de barbarie et de grandeur chrétienne ; il a parlé de l'amitié qui unissait les guerriers, mais, à mon sens, il n'a pas assez tiré parti des noms toujours si fidèlement joints des deux amis Gérin et Gérer.

C'est presque un refrain dans la chanson de Roland que cette phrase :

> Gérin y fut, et son ami Gérer.

Elle en dit plus qu'un long poème, et lorsqu'en énumérant les morts couchés sur la terre de Roncevaux, le vieux poète redit encore avec un soupir :

> Ils y étaient, Gérer et Gérin !...

Je crois qu'on ne peut rien ajouter à ce sublime de l'amitié...

Mais nous ne sommes plus au temps des douze pairs de Charlemagne, à la barbe fleurie.

L'argumentation de M. Gautier soutenant, d'abord, que Roland était, dans l'histoire, un simple préfet des Marches de Bretagne, sur lequel les détails manquent, et, ensuite, que Roland, le vrai Roland, ne fut jamais marié, m'a paru assez peu claire : il eût dû dire le Roland de la légende poétique, le Roland du XI<sup>e</sup> et XII<sup>e</sup> siècle ; quant au Roland réel, qui sait ? Aussi je ne puis blâmer si fort M. de Bornier de lui avoir donné une fille ; les légendes sont une broderie d'or, auquel chacun peut bien ajouter sa fleur, pourvu qu'elle soit gracieuse et choisie avec tact.

Le reproche d'avoir rendu les paladins un peu trop *damerets*, comme disait Boileau, est plus plausible ; mais en somme, M. de Bornier a fait une si bonne et si belle œuvre, qu'on doit y applaudir de tout son cœur et sans tant de restrictions. Les poètes et les dramaturges un tant soit peu honnêtes et chrétiens sont trop rares de nos jours, pour ne pas les encourager.

Le conférencier a, d'ailleurs, avoué, lui-même, que la donnée de cette pièce est supérieure au Cid de toute la hauteur du sentiment chrétien ; la situation du dénouement est la même, mais combien l'auteur en sort-il plus noblement ! Corneille laisse entrevoir cette monstrueuse union de la fille avec le meurtrier de son père ; M. de Bornier fait refuser par Gérald la main de la fille de Roland qu'on s'obstine à lui donner.

La conférence s'est terminée par une citation de la chanson de Roland comme la comprenait M. de Tressan et le dix-huitième siècle, qui comprenait si mal nos gloires françaises et chrétiennes : *cela* fit beaucoup rire. Je trouve que *cela* n'est point risible du tout.

Notons encore un passage que je trouve très

bien dans le drame de M. de Bornier. Ganelon recueilli par des moines, heureux de se sentir revivre, n'a point encore éprouvé de remords; il savoure sa vengeance sans repentir, quand un des religieux qui le soignent lui apporte son fils, son fils tout enfant, qui lui sourit et le caresse avec l'innocence de son âge. Tout l'amour paternel s'éveille chez le traître, il presse longuement l'enfant sur son cœur. Alors le moine, se penchant vers lui, prononce cette question qui, tout à coup, change le grand coupable en une victime de pénitence et de repentir :

Ce qu'on t'a reproché, voudrais-tu qu'il le fît ?

Qu'on dise ce que l'on voudra du personnage de Ganelon dans le drame moderne, je trouve que ce vers va au cœur et vous bouleverse.

## Une séance de réception à l'Académie française.

1er décembre 1876.

Hier, séance à l'Académie pour la réception de Ch. Blanc. Séance orageuse et toute politique ; l'Académie va-t-elle se transformer en club ? Thiers, J. Simon, J. Favre, A. Dumas y étaient, applaudis par les comparses et rayon-nants de plaisir, tant que dura le discours d[e] leur compère.

Ch. Blanc est petit, ratatiné, couperosé, lai[d] comme une vieille ; il parle facilement, mai[s] avec un fort accent méridional. On dit que so[n] frère l'écoutait dans une petite tribune. Je n[e] l'ai point vu.

Le prédécesseur du nouvel académicien s[e] trouvait être M. de Carné. Un des deux Blanc fai-sant l'éloge de M. de Carné, on entend cela d'ici Mais il était à croire que le récipiendaire, aprè[s] avoir satisfait en peu de mots à l'usage aca-démique, passerait au sujet qu'il préfère et qu'i[l] sait très bien traiter, à des considérations su[r] l'art, que l'Académie avait voulu honorer en sa personne. Point du tout ; ces gens-là ne sa-vent jamais observer les convenances.

Dès le début M. Blanc se lance dans la poli-tique, affecte un superbe dédain à l'égard de son prédécesseur, entonne la louange de la Répu-blique, plaide en faveur de l'art, de l'art entendu comme l'entendent ceux de son parti, l'art uti-litaire, qui ressemble beaucoup à l'industrie, enfin, termine par réclamer une augmentation sur le budget des beaux-arts et la création d'un ministère, dont il prendrait si volontiers la direction ! Le tout émaillé de pointes contre la foi bretonne de M. de Carné, contre son dévouement à la cause monarchique, contre les Jésuites (qui ne pouvaient échapper !), contre l'intolérance de l'ancien régime, etc. ; plus, de charmants compliments à l'adresse de l'aimable République sous l'aile de laquelle nous dormons si tranquilles, de M. Thiers surnommé le grand citoyen, de M<sup>me</sup> Sand, l'idéal des femmes dans l'ère nouvelle, des républiques antiques, beaucoup plus aristocratiques, pourtant, que celle de ses pareils, et, enfin, un petit exposé de quelques théories sur l'art, que l'on pourrait facilement combattre.

Venait le tour de M. C. Rousset. Le plus piquant de l'affaire est que M. Rousset a été destitué de sa charge d'historiographe par Messieurs les radicaux, qui le trouvaient trop sévère pour les armées républicaines de 1792. On pense qu'il ne pouvait avoir une tendresse exagérée pour un régime aussi peu tolérant, de sorte que nul n'était mieux fait pour répondre vertement au précédent discours. M. Rousset est encore jeune ; sa tête ronde, brune, fortement accentuée, a une expression un peu rude et toute militaire ; son accent est pur, mais bref, incisif, parfaitement net; il lit bien ; on sentait frémir une indignation contenue quand il commença ; bientôt, prenant d'une main vigoureuse le fouet du sarcasme et de la logique, il frappa ferme sur son adversaire, il y alla jusqu'au sang, et il fit bien ! Si tout le monde maniait avec autant d'énergie la seule arme qui convienne pour se défendre de ces chiens enragés, on ne serait pas où nous en sommes ; ils cesseraient bientôt de hurler.

Oh ! cette fois on ne lui reprochera pas de faiblir, de gazer, d'atermoyer, comme on l'a reproché à M. de Viel-Castel, au sujet de J. Simon ; comme on peut le reprocher à tant d'autres, au milieu de la lâcheté de ce temps. Comme il a bien repris, une à une, pour les relever toutes, les vaines déclamations de Ch. Blanc ; comme il l'a félicité et blâmé, à la fois, d'être entré, en pleine Académie, sur le terrain des luttes politiques ; comme il a jeté, en passant, l'ironie légère et voilée sur quelques travaux un peu frivoles du vieil académicien ! Comme il a vengé loyalement M. de Carné et ses opinions des dédains radicaux ! Et quelle adroite allusion à sa glorieuse disgrâce, quand il a souhaité de voir la République devenir la protectrice des arts, des lettres... et *même des historiens*, d'une façon un peu plus large, un peu plus réelle qu'elle ne l'a été jusqu'alors.

Moi, qui n'ai jamais voulu applaudir, je frappais des mains de toutes mes forces ; le précédent discours m'avait écœurée, révoltée, indignée, et on l'avait applaudi à tour de bras dans une partie de l'auditoire. Celui-ci me soulevait d'aise, tous les honnêtes gens en jouissaient et ils ne se remuaient presque pas ! On les défendait, on nous défendait tous, chrétiens et Français, et nous n'encouragions que du bout des doigts notre admirable champion ! Il y avait, près de moi, un monsieur fort distingué, que le discours de Ch. Blanc avait mis hors de lui, qui murmurait à chaque phrase, qui se lamentait de ce qu'on pût dire de pareilles choses à l'Académie française ! Quand M. Rousset commença sa vigoureuse réponse, ce brave monsieur s'attacha à ses lèvres et, à mesure qu'il avançait, sa figure devenait plus rayonnante : eh ! bien, il n'applaudissait qu'à peine, trouvant, sans doute, que tout ce bruit est de mauvais ton. Voilà comme sont les bons, voilà comment le mal prend le haut du pavé, étourdit les masses, se prétend la majorité, pour ne pas dire la nation tout entière ; voilà comme on décourage les soldats de la bonne cause.

Ah! nos adversaires n'ont pas de ces scrupules-là. Je voyais, en vis-à-vis, un homme à la figure patibulaire, aux joues d'un rouge sinistre, au rictus méchant et sensuel, un peu comme celui de Voltaire; cet homme, on eût dit le démon incarné. Il soulignait tous les mauvais endroits du discours de Charles Blanc par des applaudissements frénétiques; il faisait plus de bruit que toute la salle à la fois. Il se tut et ricana, tout bas, quand M. Rousset parla; mais personne ne sut applaudir comme lui et contre lui!

En résumé, cette séance m'a passionnée comme pas une; en revenant il me semblait que je n'aurais plus peur de rien. Je lisais, en haussant les épaules, ces sanglantes affiches, qui annoncent au peuple de Paris la réimpression des romans d'Eugène Suë, et je songeais que la lutte allait entrer dans sa crise aiguë; mais le souvenir de ce beau mouvement de M. Rousset et de cette phrase: « Nous passerons quand même! » me revenait à l'esprit pour m'encourager. Oui! nous passerons à travers l'épreuve et la persécution, si nous savons serrer courageusement les rangs de cette petite phalange qui défend la vérité.

## A propos d'une séance à l'Académie. Paganisme et christianisme.

22 décembre 1876.

Encore une séance à l'Académie, cette fois sans grandes émotions : les orateurs, instruits par le récent discours, avaient eu le bon goût d'écarter les sujets trop brûlants ; mais je ne sais si je ne préfère pas la rage dont l'effort honore ce qu'elle attaque, du moins d'une certaine manière, à ce respect dédaigneux, à ce silence affecté, à ces concessions superbes qu'affectent certaines *honnêtes* gens du monde, gens pacifiques de leur nature et qui laissent les autres en repos, afin de n'être pas trop dérangés eux-mêmes.

On recevait M. Boissier : les mauvais plaisants disaient tout bas que nous allions avoir une distribution de dragées ; en tout cas, ce fut M. Legouvé qui se chargea d'administrer les croquignoles et les bonbons fondants à l'auditoire. Son discours plein de recherche et de coquetterie dissimulées sous une bonhomie étudiée, tout émaillé de fleurs, de jeux de mots, de traits d'esprit, de finesses complaisamment soulignées, afin qu'on ne les laisse point passer sans les applaudir : toute cette parure, si habile et si bien faite pour charmer le public, rappelait assez le délicieux commerce auquel se livre, avec tant d'élégance et de succès, le frère du récipiendaire ; on eût dit que M. Legouvé s'était placé au comptoir.

Quant à M. G. Boissier, il figure assez bien : un petit homme de sucre, tout rose, avec une barbe couleur de gelée d'abricots et des cheveux saupoudrés de sucre fin. Sa morale ressemble à cette appétissante personne, elle ne va pas au delà des maximes d'Horace qui ont, dit-il, rendu M. Patin si parfaitement heureux en ce monde !... Il ne semble pas se douter qu'il y ait un autre code à l'usage de l'humanité, qui ne se compose pas uniquement de lettrés sages et délicats, passant leur vie en serre chaude, ne prenant des jouissances de ce monde que la dose juste pour ne pas nuire à leur santé ni à leur réputation, ne négligeant pas le vice quand il peut s'allier avec les convenances, ne se brouillant pas avec la vertu, parce qu'elle peut aider à leur bien-être en leur donnant la paix et la considération et en conservant leur santé.

Qu'on ne leur parle pas des grands enseignements de l'Évangile, de la loi de l'épreuve et de celle de la souffrance. Le bonhomme Horace ne comprendra jamais le divin supplicié du Golgotha.

Voilà où la génération de notre temps en est venue. M. Boissier et M. Legouvé ont des préférences presque avouées pour le paganisme.

Ce paganisme que la religion chrétienne a dépouillé et calomnié après la victoire ; ce paganisme, si radieux et si bienfaisant, que les martyrs ont étouffé, avec tant de malice, dans leur sang et dans les protestations de leur foi indignée. — N'est-ce pas là ce qu'avance une certaine école savante ? Ne s'efforce-t-elle pas de reconstituer le monde païen, à peu près comme d'autres érudits essaient de reconstituer le monde préhistorique avec des débris trouvés dans les anciens gisements : débris complaisants et qui déposent tout ce que l'on veut, dans cet injuste procès, toujours pendant, contre l'enseignement chrétien. Mais il semble que ce plaidoyer en faveur de l'ancien Olympe est plus odieux encore : après tant de sang répandu, après tant de preuves accumulées de l'insuffisance, des cruautés et de l'immoralité païennes, après les éclatants bienfaits que le christianisme a versés sur le monde, venir déplorer la ruine de l'un, en insultant la lumière de l'autre, ses martyrs, ses grandeurs, ses magnifiques résultats, son amour pour l'humanité, n'est-ce pas le comble de l'ingratitude ?

O hommes de notre temps, descendez donc aussi bas que vous le pourrez, rampez aux pieds des immondes déesses, donnez-vous pour pères les singes infects, dédaignez le Christ et calomniez l'Église, vos enfants diront un jour ce qu'ils auront récolté de votre semence impie et corruptrice !

M. Legouvé a bien voulu reconnaître qu'entre les deux écoles scientifiques, — dont l'une affirme que les chrétiens n'ont rencontré, à leur entrée dans la société romaine, qu'une religion déjà morte et facile à renverser ; et l'autre soutient, au contraire, que le paganisme s'est relevé en jetant un suprême éclat pour lutter avec la religion nouvelle, qu'il a trouvé, dans son propre sein, presque tous les éléments de régénération que nous admirons dans sa rivale ; — qu'entre ces deux écoles il y a un juste milieu, milieu adopté par M. Boissier, dont les livres démontrent, en effet, une réaction très remarquable dans le monde païen après Auguste et un effort très généreux pour sauver l'humanité en la retenant dans ses bras, mais qui reconnaît la vanité et l'impuissance de cet effort, qui proclame cette réaction une sorte de préparation providentielle à l'action évangélique, une préface à la grande révolution religieuse que domine la Croix.

Epictète et Sénèque sont, dit-il, les précurseurs de saint Paul. Ne pourrait-on pas retourner la proposition et, au lieu de voir, dans le sein même du paganisme, ce germe de réforme et de vie qu'on s'obstine à y trouver, découvrir les lueurs du christianisme pénétrant dans le vieux monde par ses fissures, et les païens tentant de remettre sur pied les idoles, en les entourant du symbolisme et de la philosophie, pour répondre à ces puissantes voix des martyrs dont l'écho ébranlait tous les piédestaux ?

N'y a-t-il pas eu, dans cette crise gigantesque, dans cette fusion sanglante entre le vieux et le nouveau monde, un échange involontaire, un mélange, parfois inconscient, mais toujours providentiel et qui peut tout expliquer ? Et si l'un des deux y a gagné, on peut le demander à tout esprit non prévenu, est-ce le christianisme, qui donnait sa pure vérité, sa charité sans bornes, et ne recevait que les traditions superstitieuses d'un culte suranné ou les éléments de discorde et de subtilité d'une philosophie bien au-dessous de la sienne propre ?

Ah ! quand on revient fatigué de ces brillantes paroles, si vides au fond, des orgueilleuses affirmations de la suffisance humaine, quand on a écouté ces grands hommes si vains et si pleins d'eux-mêmes, comme on les trouve petits, comme leurs maximes semblent creuses en leur vaine sonorité, et comme la première page venue de l'Évangile chasse bien vite toutes ces ténèbres ! Comme le pur rayon de morale chrétienne, que l'on entrevoit au fond de sa conscience baptisée, fait pâlir et s'éteindre la morale d'Horace, et avec quelle ardeur on s'écrie : « Mon Dieu, souvenez-vous de vos promesses immortelles. Ah ! ne laissez pas périr dans le cœur des hommes ce que votre divin Fils est venu leur enseigner ; malgré tant de sophismes, d'efforts, d'affirmations superbes, d'insultes à votre œuvre, malgré la tourmente qui nous entraîne, malgré l'aveuglement même des bons, qui se défendent si mal, mon Dieu, restez, oh ! restez toujours au milieu de l'humanité !

M. Legouvé a eu cependant quelques bonnes inspirations, quand il a dit, par exemple, que l'éloge de Brutus, le meurtrier de César, ne pouvait le convaincre ; que les meurtriers honnêtes ne lui avaient jamais plu ; qu'il n'admettait pas plus l'assassinat politique que les autres et qu'une tache de sang ne s'effaçait jamais sur la main qui l'avait versé ! Il me semblait que Charles Blanc faisait une singulière figure ; il était derrière l'orateur et nous frémissions encore au souvenir de ce récent discours, dans lequel les murs de l'Académie avaient dû entendre la glorification des hommes sanglants de 93.

## A propos du discours de M. Legouvé. Livres neutres.

22 décembre 1876.

M. Legouvé a fait, aussi, une sorte de plaidoyer pour l'ancien programme Jules Simon, par lequel on biffait les études latines. Je ne comprends pas ces plaidoyers véhéments dans un tel lieu : l'Académie n'est pas une assemblée législative, ni délibérante ; personne ne peut ni répondre, ni combattre l'orateur. Quand ses sophismes dépassent la mesure, le public applaudit toujours ; et le succès est vraiment trop facile, au milieu des amis qui vous doivent un billet ou des gens du monde trop polis pour murmurer. Ces excitations, ces charges à fond de train, ces appels à la popularité devraient bien être interdits dans un pareil lieu.

Quel cas M. Legouvé peut-il faire, d'ailleurs, des applaudissements qu'il a recueillis hier sur un sujet qui le passionne si fort ? Il y avait là tant de femmes ! N'a-t-il pas dit, en parlant du succès d'un ouvrage scientifique de M. Boissier, lu même par les dames, que l'auteur, toujours consciencieux, s'était demandé, comme l'ancien orateur applaudi par le peuple : N'ai-je point laissé échapper quelque sottise ? — Voilà une irrévérence de lèse-féminisme ! Mais combien de femmes du monde la justifient ? Combien, même parmi les meilleures chrétiennes, sont en état de juger d'un livre ? Quelles appréciations n'entend-on pas tous les jours ? quelles admirations ridicules ne doit-on pas endurer, sous peine de paraître tout à fait morose et désagréable à ses amies ? Si les femmes pieuses réfléchissaient, verrait-on le succès de cette bibliothèque de la franc-maçonnerie, qui trouve moyen de se glisser dans toutes les familles, sous une jolie couverture et avec des airs aussi candides que scientifiques ?

On dit : « Mais ces livres ne parlent pas de religion ; ils sont, d'ailleurs, bien faits ; il faut suivre le mouvement et se mettre au courant de la science moderne. » Et on ne s'aperçoit pas que ces ouvrages accomplissent, par avance, cette séparation, tant réclamée des radicaux, entre l'enseignement et la religion. Ils n'attaquent pas le dogme, mais ils le suppriment ; ils ne travestissent point les faits, ils les passent sous silence. Oui, c'est dans le silence du dédain qu'ils veulent étouffer le catholicisme ; c'est le vide religieux qu'ils prétendent faire dans l'âme de l'enfant ; c'est la morale indépendante qu'ils prêchent à ces pauvres et faibles êtres ! bien plus dangereux en cela que les publications franchement hostiles, parce que celles-là, du moins, effraient à première vue. Oh ! si j'avais une voix qui pût être entendue, comme je parlerais contre la bibliothèque d'Hetzel ! contre ces faux frères : Jean Macé, Stahl, Verne et autres. Mais non, personne ne m'entend et les journaux catholiques, payés pour la réclame, vantent ces livres, croyant sauver leur responsabilité par quelques restrictions indulgentes !

Je sais bien que nous manquons d'auteurs pour la jeunesse à opposer à ceux-là ; nos écrivains catholiques ne luttent pas. Quelques sermons monotones de M^me^ ***, les compositions invraisemblables et diffuses de M^me^ de ***, les niaiseries de M^lle^ *** et autres, les romans religiosentimentaux de M$^{me}$ ***, voilà cependant tout notre bagage ! Oh ! mon Dieu, je vous le demande souvent, les larmes aux yeux, donnez-moi du talent, un peu de succès et un conseil, donnez-moi tout cela, je vous le rendrai !.. ou plutôt, mon Dieu, donnez-le à d'autres plus dignes et qui en fassent bon usage !

## Visite à M. D. Nisard.

9 avril 1883.

M. Nisard m'a envoyé un de ses ouvrages avec une dédicace et j'ai dû aller lui faire une visite. — Parler à un académicien, à un des maîtres en littérature, à un homme habitué aux compliments et aux visites des célébrités, j'avoue que cela me faisait un peu trembler. Enfin, ce matin, je suis allée rue de Tournon, ruminant en chemin un joli petit discours, dont je n'ai pas dit la moitié et dont l'oreille paresseuse de l'immortel n'a peut-être pas entendu le premier mot.

L'appartement est beau, vaste, bien éclairé ; le cabinet du littérateur très soigné, et sans aucun fouillis, ce qui m'a fait plaisir. Assis à son pupitre, j'ai trouvé un grand vieillard avec une belle tête blanche, un front large, un air intelligent, quoique les yeux restent cachés derrière des lunettes teintées.

M. Nisard m'a fait coquettement les honneurs de son grand âge, soixante-dix-neuf ans. Il s'est plaint un peu de sa mémoire, a trouvé, pour complimenter une humble inconnue telle que moi, des mots charmants et surtout une inflexion de voix si agréable et si douce que je l'écoutais toute ravie. Il m'a promis de me donner son cours de littérature, me disant avec une bienveillance toute courtoise qu'il rencontrait peu de lecteurs comme moi. Enfin il m'a serré la main affectueusement, paternellement, et moi, tout attendrie, j'ai répondu en serrant la sienne avec un affectueux respect. Comment le remercier autrement ? peut-être ne m'entendait-il guère et en tous cas je m'exprime si mal !

Je prierai pour lui et j'ai pris la résolution d'être plus tolérante ; car, si cet homme âgé et célèbre m'a témoigné tant de bienveillance gratuite, n'est-ce pas à cause d'un article où, à mon éloge sincère, je mêlais quelques restrictions sur sa façon de juger l'Église ? Loin de se fâcher, il a été frappé du ton attristé de mon article et, comme M. Merlet, il m'a fait dire que lui aussi voulait être catholique. Donc ces hommes, entraînés souvent par les milieux et les circonstances, ne sont pas si irréligieux qu'on le croirait. L'Église a son côté humain qu'ils apprécient avec trop d'amertume; ceux qui aiment encore le bien et le vrai, ceux qui gardent la croyance au spiritualisme se rattachent à l'Église dans ce qu'elle a d'admirable et d'élevé au-dessus de toute religion et de toute philosophie. Quelquefois, avant d'arriver là, ils luttent pendant une vie entière. Quelques-uns nous semblent coupables, ils sont peut-être encore plus à plaindre.

M. Désiré Nisard m'a dit qu'il comptait publier des mémoires, ou plutôt des portraits, mais après sa mort. —N'aurais-je pas dû répondre qu'il est immortel ! Hélas ! je ne saurai jamais rien dire de spirituel.

« Je veux, dit l'académicien, peindre les hommes tels que je les ai vus passer devant mon rayon visuel, sans commentaires, dans toute la sincérité de mes souvenirs et de mes jugements. Je crois qu'on peut avoir beaucoup de lumières sur un caractère, même quand on n'a pu étudier un homme que pendant vingt-quatre heures ; mais il faut une grande expérience pour parler nettement de ses contemporains et une grande bonne foi pour les peindre. J'espère que ni l'une ni l'autre ne me manqueront. »

## Théories des mythologues.

Octobre 1875.

Mlle L... m'a prêté de fort savants ouvrages sur l'origine du langage. Je ne fais que les parcourir ; car une étude particulière serait nécessaire, si l'on voulait tirer du fruit de cette lecture, et je ne puis la faire. Je trouve dans mon humble *jugeotte*, comme disait un brave homme, que ces savants ne se gênent pas pour tirer les étymologies par les cheveux ; chacun a son système qu'il développe avec une assurance ébouriffante et auquel il fait servir toutes choses, blâmant, tranchant à droite et à gauche, comme s'il était le seul homme intelligent parmi l'humanité.

Max Müller, que je lisais hier, dit carrément : « Les Pères de l'Église commettaient une grave erreur, quand ils appelaient les dieux des Gentils des démons. » Vraiment, Monsieur Max ! et pourquoi donc ?

Parce que M. Max est partisan de l'opinion qui voit, dans les noms des divinités païennes, dans leurs mythes, dans leurs attributs, les symboles d'un certain système astronomique. Il veut qu'Endymion, Képhalos (Céphale), Héraclès (Hercule) soient des personnifications du soleil et Séléné (Diane), Procris, Hébé ce les de la nuit ou de l'aurore ; je le veux bie aussi, mais est-ce que ces allégories étaie bien claires pour les païens contemporains de Pères? Est-ce que les poètes antiques n'avaie pas chargé ces mythes de leurs conceptio voluptueuses ? Est-ce que le démon ne s'en éta pas servi pour se faire adorer, en même temp que la chair et ses plus honteuses passions Est-ce que les Pères, qui connaissaient bien le turpitudes du culte païen, étaient des imb ciles ou des gens de mauvaise foi, en les attr buant à l'influence de ce prince des ténèbre père de tout mensonge et de toute corrup tion ?

Puis même, sont-ils donc si sûrs de la ré lité de leurs étymologies ? Leurs études su l'antiquité ont eu, plus d'une fois, leurs fanta sies ; il faudrait au moins se montrer plu modeste.

Ces légendes indiennes ou grecques, qu'il nous présentent avec une admiration si con ventionnelle, qu'ils font marcher de pai avec les livres saints des Hébreux, ont toute un fond d'immoralité et des détails de puéri lité qui relèvent incomparablement la Bible Quoi ! la belle lumière du soleil, l'éclat nais sant de l'aurore, les purs rayons d'une belle lune, ne leur ont inspiré que des histoires comme celle de Képhalos, ou de la fée Urvasî, éprise du mortel Pourouravas ?

Comment ne pas reconnaître, avec les Pères, qu'une influence corruptrice avait obscurci, dès le commencement, l'admiration pure et spontanée de l'esprit humain devant le spectacle de la nature, et que la notion divine avait été altérée dans sa source par quelque grande chute. Urvasî aime Pourouravas, signifie le soleil se lève ; Urvasî voit Pourouravas nu, c'est-à-dire le soleil se couche ! Belles explications en vérité ! Poésie bien gracieuse, en face des resplendissantes merveilles qui se passent sur nos têtes ! L'aurore transformée en jument ; les Haritas, les sept sœurs des Grecs, dont nous avons fait Caritas, ne sont que les sept cavales ailées qui traînent le char du soleil, — et vous ne voulez pas que je trouve un vice radical dans l'imagination des peuples primitifs !

L'Edda scandinave est aussi, disent-ils, l'histoire du système sidéral. Je n'ai pas le temps de rapporter cette opinion en détail ; pour moi, je préfèrerais celle qui a cru reconnaître, dans cette vieille épopée, les figures des premiers rois francs et des reines farouches de cette époque, Sigurd, Siegfried, Brunhild, Brunehaut. Je laisse cela aux savants, mais je veux noter ce passage qui m'a toujours fait frémir d'admiration et d'horreur.

On apporte le cœur d'Hogni à Gunnar sur un plat, où ce cœur sanglant tremble. « Ce n'est pas le cœur de mon frère, il ne tremblerait pas ! » s'écrie le guerrier ; et en effet, quand on a apporté le vrai cœur d'Hogni, il reste immobile et ferme sur le plat. Gunnar s'écrie alors : « Je sais seul maintenant où est le trésor, le Rhin l'aura avant que je te l'abandonne. » Atli est irrité, il fait jeter Gunnar dans une fosse remplie de serpents. Mais Gunnar charme les serpents, en jouant de la harpe avec ses dents, car ses mains sont liées, jusqu'à ce qu'une vipère monte sur lui et le tue.

Comme ces peintures de mœurs sauvages, mais fortes et gigantesques (si l'on peut s'exprimer ainsi), paraissent plus naturelles, si on suppose le poète occupé à peindre les héros de ses tribus, que si on se l'imagine toujours attaché à ses fictions solaires, plus ou moins enchevêtrées dans son esprit ; et combien je préfère ces héros de chair et d'os au soleil et à la lune qui n'en peuvent mais !

## Mœhler. — Molinisme et jansénisme.

1875.

L'histoire de l'Église, par Mœhler, me plaît infiniment : d'abord, il n'a pas le parti pris de tout louer, ce qui donne plus de crédit à son ouvrage ; il sait très bien que l'Église a deux côtés, celui qui regarde le ciel et celui qui touche à la terre ; puis, sa qualité d'étranger lui permet de juger plus impartialement des faits religieux de notre histoire, les concordats, les doctrines gallicanes, etc.

Je mets en note ce qu'il dit des docteurs espagnols Molina et Molinos. Trop de gens les confondent, il faut pourtant les distinguer avec soin. Molina me paraît très sympathique. Il a écrit sur la grâce et cherche à attribuer à l'homme le plus de libre arbitre possible, sans tomber dans le pélagianisme, que ses adversaisaires lui reprochent de côtoyer de trop près. Molinos est l'auteur d'un système de faux mysticisme, qui mènerait en plein panthéisme, si les conséquences en étaient rigoureusement tirées. Sa morale très relâchée fut dénoncée, avec des cris d'horreur, par la secte janséniste qui se passait d'autres excès. Mais je ne sais qui les sectaires détestaient le plus cordialement, de Molina ou de Molinos. La liberté humaine, la responsabilité de la conscience, les mérites acquis dans la lutte par le libre arbitre devaient les révolter plus encore que les condescendances d'une casuistique fausse, eux qui voulaient faire de l'âme humaine ce qu'en avait fait le protestantisme, une machine entre les mains d'un Dieu, capricieux despote et dispensateur arbitraire de ses dons et de son ciel.

## M^me^ de Sévigné et le jansénisme.

18 mars 1875.

M. Feugère a terminé fort brillamment son cours hier. Il a parlé du sentiment religieux que l'on trouve dans les lettres de M^me^ de Sévigné. C'était un vrai, un excellent sermon.

M^me^ de Sévigné, pour son malheur, était janséniste, surtout vers la fin de sa vie. On voudrait pouvoir l'en disculper sur l'ignorance ou la légèreté, mais elle analyse trop bien les opinions de la secte, pour qu'on dise qu'elle ne les a pas comprises.

D'abord impartiale entre les deux camps, très liée avec la Visitation, où on la regardait comme « une relique vivante », et attirée par là vers l'orthodoxie, elle se laissa bientôt entraîner par ceux de ses amis qui suivaient le parti janséniste. Elle sympathisa avec la secte, quand celle-ci fut persécutée ; on reconnaît, là, l'amie courageuse de Fouquet. C'est le côté par lequel on serait tenté de l'excuser.

Le caractère expansif, ardent, tendre, plein de franchise de Mme de Sévigné s'accordait mal avec la désolante doctrine qu'on parvint à lui faire embrasser ; elle dut y forcer son cœur, en y égarant sa raison. Elle, qui eût été capable d'un si vif amour de Dieu, ne voit plus dans le miséricordieux Sauveur des hommes qu'un Juge toujours irrité, que le sombre vengeur du crime. Dieu est la cause suprême des péchés des hommes, qu'il se plaît à punir dans la dernière rigueur. On arrive ainsi à grands pas au fatalisme le plus désespérant. « Vous êtes fous, écrit Mme de Sévigné à ses enfants, de croire que les remèdes eussent pu me soulager. Dieu seul est le maître, il faut se soumettre. »

Elle a peur quand elle se sent heureuse : elle craint cette Providence, « toujours embusquée à quelque endroit » et toujours prête à nous châtier. Elle n'ose pas dire que quelque chose lui plaît, dans la crainte qu'un Dieu jaloux ne le lui enlève aussitôt. Ses directeurs lui font un crime de son amour maternel ; ils l'éloignent de la table sainte ; ils lui ont fait horreur d chapelet, cette douce prière à une Mère divin qu'elle eût bien comprise, si elle fût resté catholique. Elle redoute la mort et voudrai qu'on pût compter au moins sur cent ans d vie, avec le reste dans l'incertain. Commen pourrait-elle aspirer au ciel ? Le jansénisme l lui a fermé, en y plaçant un Dieu toujours terri ble et jamais père.

Heureusement qu'au dix-septième siècle le âmes, malgré des erreurs trop graves, demeu raient encore fortement empreintes de ce chris tianisme qu'on n'avait pu encore qu'entamer elles, conservaient un attachement inviolabl aux vérités primordiales de la foi, elles respi- raient encore au sein d'une atmosphère chré- tienne : au moment de la mort, des lueurs salu- taires éclairèrent le cœur de la petite-fille de sainte Chantal ; elle montra dans ses derniers jours une fermeté, un courage, une assurance qui nous font espérer beaucoup pour son salut. Notre foi nous fait un devoir de l'attendre de la bonté de Dieu, au lieu que le jansénisme concluait presque toujours à la damnation.

Cette doctrine effrayante dans sa sévérité avait pour certaines âmes, au dix-septième siè- cle, un charme qui s'explique par bien des raisons. La secte parvint à séduire les meilleurs esprits de ce temps ; elle pénétra dans les cloîtres les plus saints, elle compta des hommes d'une grande austérité parmi ses adeptes ; elle fut adroite, insinuante, flatteuse, tantôt soutenant le pape et tantôt adulatrice du roi, toujours révoltée, en secret, contre l'autorité : elle eut l'attrait du mystère, de la nouveauté, de la persécution et des apparences de perfection qu'elle affichait.

De nos jours, il semble qu'elle ne serait plus possible ; il faut être chrétien ou rationaliste, catholique ou incroyant. Les protestants et les vieux-catholiques n'ont pas de symbole, c'est pourquoi ils ne tombent pas tout à fait. Au dix septième siècle, d'ailleurs, l'autorité morale du Souverain Pontife était loin de s'imposer aussi nettement aux esprits catholiques. Les persécutions de la Révolution, les Cavour, les Garibaldi et les Bismarck l'ont plantée dans les cœurs avec des coins d'acier. C'est ainsi que la Providence se joue de la malice humaine.

Voilà ce que j'ai conclu du discours de M. Feugère, qui n'a pas dit tout cela, mais qui y conduisait.

## Anny l'Américaine.

1876.

Anny ! toutes les fois que je songe à ce nom, c'est une fête pour mon cœur. Pourquoi est-elle si loin ? Jamais je ne la reverrai, elle m'a donné rendez-vous au jugement dernier. Il fallait être Anny pour dire des choses semblables, alors que je lui demandais de se souvenir de notre amitié. Ah ! si l'on avait cette lunette merveilleuse des contes de fées et qu'on pût voir au loin, bien loin, ce que deviennent ceux qu'on aime, comme je regarderais vers New-York ! A-t-elle épousé son cher cousin Walter, dont elle portait si fidèlement l'anneau de fiançailles ? Mais surtout, a-t-elle vu enfin la vraie lumière de la foi, qu'elle semblait déjà deviner dans les aspirations mystérieuses de sa jeune âme ? Elle me disait quelquefois, en secouant tristement la tête : « Nous sommes réduits, nous autres protestants qui voulons croire encore en Jésus-Christ, à nous tourner vers l'Église catholique ; car la foi en la divinité du Sauveur va toujours en s'amoindrissant, au milieu des divisions de nos différentes sectes. »

Je la vois comme si je l'avais quittée hier, cette petite Américaine à la tête blonde et soyeuse, aux yeux noirs, au cou flexible et blanc ; son long nez pointu déparait un peu ce jeune visage, mais on l'oubliait bientôt, pour ne voir que la malicieuse et enfantine gaîté de son regard et de son fin sourire.

Elle était presque toujours vêtue de rouge, avec un chapeau de velours bleu et un petit tablier de soie noire, ce qui faisait la plus bizarre toilette que j'aie jamais vue ; mais il n'y avait rien à lui dire là-dessus, elle se trouvait à la dernière mode et me donnait fièrement l'adresse d'une des premières ouvrières de Paris, qui avait confectionné cet étrange costume rouge. Oh ! oui, je la vois, après nos leçons de dessin, plonger sa tête tout entière dans une immense cuvette, puis se secouer comme un petit oiseau au soleil. Je me souviens encore de l'avoir vue souvent s'accouder contre la grande fenêtre de l'atelier, pour y écouter le vent qui sifflait au-dessus des rues de Paris, et me dire avec mélancolie : « Entendez-vous le vent ? il s'en va là-bas, là-bas, bien loin ; dans quelques heures il sera à New-York, il passera sur notre maison, dans les cheveux de ma mère, dans les branches de mes arbustes favoris. Oh ! si le vent pouvait m'emporter avec lui ! »

Ou bien, elle me montrait la petite bague qui brillait à sa main gauche et les initiales enlacées sur le chaton. « J'aimerais mieux me laisser couper le doigt que d'en retirer cette bague, me disait-elle ; et pourtant celui qui me l'a donnée n'est pas fidèle comme moi. » Un jour elle vint avec les yeux rougis, et travailla avec distraction ; lorsque le professeur eut quitté la salle, elle repoussa doucement son carton et cacha sa tête entre ses mains : « Ah ! je ne veux plus l'aimer, soupira-t-elle ; si vous saviez ce qu'on m'écrit de lui ! »

J'essayai de la consoler mais je n'y réussis point. Elle me semblait très irritée, puis, tout à coup, elle se remit à pleurer. « Si j'étais belle ! oh ! si j'étais plus belle ! murmura-t-elle tristement, Dieu sait que je ne le désire que pour lui ! »

Anny n'avait pas quinze ans, mais son éducation était toute différente de celle que l'on donne aux jeunes filles françaises. Je l'étonnais autant qu'elle m'étonnait elle-même. J'avais cinq ans de plus qu'elle et nous nous étions rencontrées par hasard dans le même atelier de dessin ; nous n'étions que deux élèves dans cette chambre immense qui nous faisait presque peur par sa solitude ; le maître restait peu avec nous, et le reste de la leçon se passait à babiller, tout en copiant laborieusement la malheureuse Niobé ou le bel Antinoüs.

La conversation était souvent des plus pittoresques. Anny connaissait à peine le français, je ne sais pas un mot d'anglais, mais nous finissions toujours par nous entendre, et elle me disait des choses très poétiques et très justes, moitié en gestes et le reste en métaphores très amusantes.

Ma jeune compagne appartenait à l'une des familles les plus considérables de New-York ; elle était distinguée et très instruite. Quoique à peine sortie de l'enfance, elle connaissait d'une façon assez complète notre littérature, et avait lu presque tous nos romans modernes dont la vogue est honnête. Son imagination était très ardente, elle avait des idées qui m'effrayaient souvent ; elle riait alors de tout son cœur et m'appelait « une nonne ».

Cela l'amusait, je crois, beaucoup de voir si intimement une catholique. Elle se plaisait à faire mille questions sur la religion et pensait m'embarrasser avec les difficultés qui ont cours parmi les protestants. Elle s'entendait mieux, je crois, en littérature qu'en théologie, mais elle comprenait bien des choses par l'instinct du cœur. Elle aimait surtout à en revenir sur la confession. Avec les idées qu'elle avait reçues et ce manque d'idéal, de pureté qui, je le sentais fréquemment, était complet dans cette pauvre âme, pourtant si bien douée, elle ne pouvait comprendre ni admettre la sainteté de rapports qui lui semblaient d'une intimité si romanesque, et cependant elle me disait un jour avec un grand soupir : « Oh ! si je pouvais me confesser, combien de choses j'aurais à dire qui maintenant me font mal ! »

Elle était extrêmement ardente et enthousiaste. Je me rappelle l'avoir vue rentrant d'une promenade où elle avait rencontré le prince d'Oude ; elle était dans une exaltation étrange. « Il est si beau ! mais si beau, me disait-elle, que je ne puis vous l'expliquer ; il a des yeux d'un noir sombre avec un sourire triste et doux ; sa coiffure de plumes noires lui donne un air de noblesse qui ne saurait s'exprimer. Oh ! il m'a pris mon cœur. » Et comme je ne pouvais m'empêcher de la regarder en riant, elle ajouta avec feu : « Oui ! riez comme vous le voulez, mais je suis capable de me jeter un jour sous les roues de sa voiture, seulement pour qu'il fasse attention à moi. »

Je songeai à la bague et au cousin Walter, et je pensai qu'une petite femme de ce caractère pourrait bien lui donner du fil à retordre ; mais ce n'était là sans doute qu'une des exagérations familières à la fantaisie américaine.

Un autre jour, elle me prit tout à coup les mains, puis se mit à sauter de joie : « Oh ! que vous avez chaud, que vous avez chaud ! criait-elle en chantant, et moi comme j'ai les mains froides. Hier on m'a dit un proverbe français là-dessus. Oh ! quel bonheur ! moi, j'aime mieux que vous ! »

Je m'étais vivement attachée à cette folle enfant qui, au fond, était triste et rêveuse, que je sentais isolée, car elle voyageait avec une tante et de nombreuses cousines peu occupées d'elle. J'aurais voulu pouvoir mieux la comprendre, et surtout réussir à faire deviner à cette âme une lumière et un foyer de tendresse supérieure à ce qu'elle cherchait en vain autour d'elle. Mais nous nous séparâmes trop tôt, et elle fut presque cruelle envers moi. Elle se plaisait souvent à me contraindre de lui répéter combien je lui étais attachée, en feignant de n'y pas croire, et je le lui avais tant répété qu'elle n'en doutait pas. « Je savais bien que vous m'aimez, me disait-elle en riant, mais je voulais le faire dire encore à *moâ*. » Eh ! bien, elle me refusa avec une dureté étrange de correspondre quelquefois, quand nous serions séparées. Je n'avais pas été présentée à sa famille et la fière Américaine ne pouvait accepter des relations avec une inconnue ; elle me le fit sentir sans ménagements et en vantant la franchise de sa nation.

## Érasme — La confession.

7 mai 1874

Je lis une étude sur Érasme par M. G. Feugère. Qui aimerait cette figure d'Érasme, malgré son esprit et sa science ? elle porte la peine de sa lâcheté. Ceux qui veulent contenter tous les partis encourent la haine universelle. Érasme eût pu faire tant de bien et il ne l'a pas voulu. Il voyait les abus qui désolaient l'Église et s'en raillait cruellement, au lieu de chercher le remède qui aurait pu les guérir.

Après avoir lu ce livre, je me suis dit qu'en somme, malgré les épreuves et les tristesses de l'heure présente, nous valions peut-être mieux que nos pères. Pourquoi toujours nous décourager ? Le catholicisme a fait de grands pas depuis le moyen-âge : combien s'est-il épuré dans les luttes terribles qu'il a soutenues; comme il y est devenu fort et lumineux par le combat même !

Certes il est encore des abus, mais cela tient à la condition de l'humanité sur cette terre, et l'Église est composée de l'élément humain et de l'élément divin : l'un tend toujours en haut, l'autre toujours en bas, comme dit l'Imitation.

Érasme attaque la confession. Il la voudrait de pure formalité, et seulement annuelle ; il prétend qu'elle sert à la tyrannie des prêtres, qu'elle enlève la simplicité de l'enfance, et qu'elle favorise les rechutes : accusations plus ou moins aveugles et absurdes ; mais je trouve étrange qu'il ne parle pas d'un autre danger.

Quand on y songe, on s'en émerveille cependant ; n'est-ce pas une preuve qu'il y a réellement quelque chose de divin dans cette institution, que le petit nombre de chutes ? Quoi ! le cœur humain si fragile et si exposé dans ces confidences délicates, dans cet abandon et cette autorité effrayante, si Dieu n'y mettait la main !

Les tristes exceptions à l'austérité de la règle ne la confirment-elles pas bien puissamment ? Mais on n'y veut pas songer, on se scandalise du mal, sans s'étonner de ce que le bien, qui est l'ordinaire, a de merveilleux.

## La Confession

1877.

Plus on y réfléchit, mieux on voit Jésus-Christ entre le prêtre et l'âme qui s'y confie. Sans cela, grand Dieu ! que serait devenue cette institution divine mais surhumaine ? On parle de quelques chutes, de périls, de dangers ; mais si le doigt de Dieu n'était pas là, qu'eût-on vu depuis des siècles !

Voilà un raisonnement qui me saisit, sans écarter de justes restrictions à faire pour notre temps, car à chaque siècle les abus changent.

Et puis, quand je songe à tous les bienfaits de la confession ; quand je vois cette douce et sereine figure de M^me^ D., femme, mère, veuve si parfaite, chrétienne si fervente ; quand, en la contemplant, il me revient en mémoire tous les héroïsmes, toutes les vertus, tous les grands exemples donnés depuis tant de siècles par les femmes catholiques, dirigées et soutenues par la confession, je souris de pitié et je me reproche mon peu de foi. Non ! nos ennemis ne prévaudront pas. « Comme des animaux sans raison, ils blasphèment ce qu'ils ignorent » ; mais tandis que ce vieux célibataire immoral, cet habitué d'estaminet, cet athée stupide, ce bénévole lecteur de feuilles immondes, souille de ses discours un sacrement divin, le monde catholique continue à marcher ; et cette sainte femme, que j'admirais tout à l'heure, descend lentement la rue qui conduit à Saint-Sulpice, elle s'agenouille aux pieds d'un digne prêtre, se relève en essuyant ses larmes, regarde le ciel avec un rayon d'espérance et va recommencer, courageuse et forte, les sacrifices et les vertus de chaque jour.

## Romans anglais. — Protestantisme.

15 novembre 1876.

Le roman d'Elisabeth, par miss Ann Thackeray : voici un joli titre, sur une belle couverture bleue satinée. Le volume est imprimé chez Didot et fait partie de la bibliothèque des *mères de famille.* J'en ai lu, d'abord, les premières pages avec le plus grand intérêt. Les misses anglaises excellent à peindre les moindres détails avec un coloris net, fin, charmant, comme celui des légères arabesques de certains missels. Elles ont le talent de dire une infinité de mots inutiles sans ennuyer le lecteur, d'intéresser à d'insignifiantes héroïnes : en un mot, d'embellir des riens. L'étude minutieuse du cœur, à laquelle ces bonnes misses semblent se livrer avec délices, produit, souvent, des effets très justes et préférables aux lourdes intrigues des romans français ou aux imbroglios d'une certaine école ; mais, quand le protestantisme a, une fois, montré le bout de son oreille rouge de froid, la lassitude s'empare bien vite de la meilleure bonne volonté. Cette religiosité vague, indécise, sans principes solides, sans base assurée, cette morale plus flottante encore, le manque d'idéal dans la vertu, cette honnêteté qui ne s'élève guère au-dessus des conceptions païennes, ces divergences de sectes amenant le mépris ou l'indifférence absolue en matière de religion et, jointe à tout cela, cette sorte de bonhomie affectée, de vague rêverie, de sentimentalité, à la fois contenue et dévergondée, me déplaisent au-delà de ce que je puis exprimer.

Du moins, ces ouvrages ont-ils un bon côté : ils vous font toucher au doigt le néant du protestantisme dans l'idée religieuse, le creux de ce système impossible à soutenir comme vie religieuse et qui n'est debout que parce qu'il sert de police et de lien, dans des nations que maintiennent encore les derniers restes des fortes assises catholiques. Je n'ai jamais mieux compris cela qu'en lisant les ouvrages écrits par les protestants eux-mêmes et sans parti pris, le *vicaire de Wakefield* entre autres. Miss Ann Thackeray peint aussi l'intérieur d'une famille de ministres, famille honnête, vertueuse même à certains points de vue, charitable, s'efforçant d'être chrétienne. Mais quelle différence avec le portrait qu'une plume catholique pourrait tracer du plus humble prêtre ! Là, point d'incertitudes, point de mollesse dans la touche, point d'indécision dans le dessin. Le grand principe du sacrifice une fois posé, le héros, dévoué tout entier et sans réserve, n'a qu'à marcher droit et ferme malgré les faiblesses humaines ; la voie est frayée, les saints l'ont tracée sur les pas du Sauveur ; elle ne dévie ni à droite, ni à gauche. Un prêtre catholique n'a pas à mêler l'amour et la théologie, à se préoccuper des difficultés de l'intérieur, à songer à l'établissement de sa famille. Ses enfants ne lui tiennent pas tête, ne scandalisent point l'assemblée des fidèles par leur toilette ou leur légèreté, sa femme ne le trompe pas, son cœur ne peut battre sous l'empire de la jalousie ni du dépit. Non ! il est l'homme de tous, parce qu'il n'a rien à lui : ni famille, ni soucis domestiques, ni rêves de bonheur terrestre. On ne le voit pas, non plus, humilié dans son intérieur, courbant sa tête consacrée sous les reproches d'une femme acariâtre, ou abaissant sa dignité devant les caprices d'un enfant gâté.

Il n'y a pas de différence dans la doctrine : tous les prêtres catholiques prêchent la même foi, la même morale, ou cessent, à l'instant, de faire partie de l'Église. Miss Thackeray nous montre deux de ses pasteurs dans un parallèle assez piquant. L'un voit tout en noir ; il se mortifie à sa table, il est modeste dans ses goûts, il sort peu, il se prive du théâtre ; il croit que le sacrifice est agréable à Dieu et prêche une doctrine austère, où il est souvent question de renoncement ; il va même jusqu'à se souvenir de l'Évangile et se persuader que les choses de ce monde sont d'une extrême vanité. L'autre prend son affaire plus joyeusement : il monte à cheval, fait courir sur le turf, ne néglige pas les jolies misses, s'entoure de confortable, prêche le moins possible et réduit, à peu près, toutes ses obligations pastorales à quelque aumône, ce qui ne lui est pas difficile, car il est richement prébendé.

Miss Thackeray trouve ce dernier plus intelligent, sa religion lui plaît davantage, et, certes, au point de vue protestant, elle a bien raison !

Il y a beaucoup de gens de l'avis de cette excellente miss Thackeray, beaucoup qui trouvent que le chemin du ciel doit être commode et large et qu'évidemment Notre-Seigneur s'est trompé en le peignant sous d'aussi sévères couleurs. C'est la doctrine du jour, nous la devons au protestantisme comme tant d'autres bonnes choses. C'est étrange de voir comment cette doctrine, si extrême, si farouche sur les lèvres des premiers sectaires, est devenue et même a toujours été si favorable au relâchement des mœurs. Ils ont beau dire, les faits, les coutumes mêmes des différents peuples, sont là pour leur fermer la bouche. Mais non, ils ne se taisent jamais, c'est nous qu'ils accusent et ils ne sont pas gens à reculer devant l'impudence de leurs fausses prétentions.

Maintenant, l'économie politique, le matérialisme, l'irréligion ont pour mot d'ordre la déification de l'humanité ; la jouissance en ce monde, complète et poursuivie par tous les moyens ; la négation du bonheur ou du châtiment par delà le tombeau. On se vante, avec cela, de faire marcher l'humanité à pas de géant dans la voie du progrès, d'arriver à supprimer la souffrance et à établir une félicité parfaite, pour tous, durant le temps de la vie.

Tout cela est bel et bon, mais comment peut-on y croire ? Quand est ce que l'humanité a été plus grande, si ce n'est quand elle s'est passionnée pour l'idéal et le divin ? Quand est-ce qu'elle est retombée dans la fange, sinon quand la jouissance n'a plus connu de frein ? Et l'homme, pris individuellement, n'est-il pas heureux, seulement, quand il est soutenu par l'idée religieuse ?

Sa nature même ne s'oppose-t-elle pas pour lui à la réalisation du bonheur parfait ici-bas ? La vie est trop courte pour le satisfaire, elle a trop d'incertitudes, puisqu'elle ne peut pas même lui promettre un lendemain à ses plaisirs. Supposons qu'il ait, à lui seul, toutes les jouissances imaginables : un coup de sang, une fièvre, une chute, le moindre accident au visage, le plus léger choc peuvent, à toute seconde, lui enlever tout ce qui le rend si heureux. Son cerveau peut se déranger, ses yeux s'obscurcir, sa chair s'en aller par lambeaux. Quels progrès de civilisation le mettront à couvert de ces accidents ?

Et, sans parler de toutes ces causes matérielles

de souffrance, est-ce que les douleurs morales ne sont pas bien plus cuisantes ? Quel économiste vous donnera le moyen de calmer les désirs immenses de votre cœur, de vous faire aimer quand on vous fuit, ou préférer à un autre plus heureux ?... Vous assurera-t-il contre la mort de vos proches, contre l'inconstance de vos amis, contre l'insuccès de vos démarches, contre ces angoisses innommées que la foi seule adoucit ?

Oh ! vanité de ces théories funestes, qui nous empêchent d'entendre la douce voix du salut, la seule vraie, la seule efficace, la seule qui, sous une apparence parfois repoussante et amère, parce qu'elle ne trompe pas, nous assure le calme en cette vie et les biens éternels dans l'immortalité rêvée par notre cœur !

## Tolérance.

3 septembre 1871.

Je continue l'ouvrage de Gérusez [1]. Ils sont curieux les voltairiens d'il y a cinquaute ans, avec leur admiration pour la tolérance du vieux patriarche de Ferney.

1. Voir plus haut, p. 65, au 28 juin 1871.

Allons donc ! nous ne croyons plus à ces niaiseries, comme disait le jeune Rigaud en allant présider au massacre des otages.

La tolérance, on la connaît avant M. Arouet, l'Évangile est venu l'apprendre au monde et, depuis, les vrais chrétiens l'ont seuls pratiquée. Mais qu'est-ce, je vous prie, que la tolérance de Voltaire ? Elle a allumé les hûchers qu'elle prétendait éteindre, et elle les a allumés bien plus vastes. La tolérance est si peu une vertu naturelle au cœur humain, qu'elle ne peut s'y maintenir qu'en se changeant en une indifférence coupable ou stupide. Voltaire avec toute sa haine était-il donc tolérant ? Ah ! le fanatisme est de tous les partis et le plus dangereux n'est pas celui qu'on pense.

On met, comme dit le P. Gratry, un masque hideux à la religion, puis on crie qu'elle est affreuse. Retirez-lui ce masque et puis vous la jugerez, mais ne lui imputez pas des crimes dont elle a horreur cent fois plus que vous.

## Monde ancien et monde nouveau.

29 août 1871.

Qui m'expliquera comment il se fait que le monde ancien marchait toujours vers l'absolutisme, la concentration du pouvoir, l'abaissement des masses, et que le nôtre depuis l'Évangile poursuit l'œuvre, tantôt latente, tantôt terrible, de l'affranchissement des individus, de l'indépendance soit collective soit personnelle? Ces idées viennent donc du Christianisme, malheureusement elles sont faussées et détournées du but par les passions humaines.

## Avenir de l'Église.

Mars 1874.

Ma pensée revient sans cesse vers le danger des temps présents. Souvent, et c'est ce qu'il y a de plus pénible, ma foi résiste mal à l'épreuve; elle se trouble, elle se demande si l'édifice chrétien ne va pas s'écrouler sans remède, au milieu de cette vaste conjuration des peuples contre lui; si le flot qui monte n'engloutira pas l'Église, comme elle avait, elle-même, englouti les institutions du monde antique; et si nous n'en sommes pas à la troisième période des révolutions que l'humanité doit fatalement traverser dans sa marche séculaire. Ne ressemblons-nous pas, nous autres catholiques, avec nos illusions mystiques, nos protestations inutiles, nos espoirs toujours déçus, à des nautonniers s'efforçant en vain de maintenir au milieu du courant impétueux l'esquif vermoulu qui porte nos vieux dogmes ?

Mais si, malgré nos luttes, cet esquif vient à sombrer, si le fleuve l'emporte et l'ensevelit dans ses flots impétueux, comment iront les choses de ce monde ? Hélas ! sans cette frêle barque que l'on veut submerger, je ne vois pourtant pas de salut ! Elle portait le phare : maintenant que la nuit est noire, l'abîme livide, le flot menaçant, nous courons à une catastrophe universelle, à une confusion horrible, à une barbarie incurable, à des maux tels qu'on n'en aura jamais vu de semblables sous le soleil ; et toutes les utopies modernes, tous les systèmes, toutes les déclamations ne nous sauveront pas. Si un élan nouveau ne ramène les peuples à la foi, nous verrons la vieille Europe retourner promptement vers l'état sauvage, plus horrible que jamais, parce qu'il sera plus raffiné et parce que les moyens de destructions seront plus puissants chez ces cannibales du vingtième siècle.

Oter l'idée de Dieu, c'est ôter la lumière de la société ; c'est priver l'homme de ce qui le rend supérieur à la brute ; c'est anéantir d'un seul coup la vertu, l'enthousiasme, les arts, la poésie, la générosité, la conscience, la sûreté publique ; c'est réduire l'âme humaine aux abaissements d'un matérialisme abject, ou la pousser au désespoir et à ces angoisses affreuses si bien peintes dans la célèbre vision de J.-P. Richter. S'il n'y a pas de Dieu, j'entends de Dieu personnel, le Dieu tout-puissant, le Dieu Charité de l'Évangile, qu'est-ce que la vie de l'homme? Pourquoi ces épreuves et ces obstacles à la jouissance? Je veux les briser par tous les moyens en mon pouvoir, ou bien m'asseoir la tête dans mes mains et me laisser mourir... Mourir? mais qu'est-ce que la mort, s'il n'y a pas de Dieu? Ah ! malheur à l'homme qui naît pour souffrir et devenir la pâture des vers !

Je le sens, ma foi chancelante se raffermit au milieu de ses oscillations mêmes. Je le sens, cette foi m'est plus nécessaire que la vie, c'est avec elle que je puis mourir en paix. Mais pourquoi tant d'hommes repoussent-ils cette divine fille du Ciel ! Comment tant d'âmes vivent-elles sans son secours? Pourquoi tant d'autres la maudissent-elles ?

L'homme sent un penchant naturel qui l'entraîne vers elle, et un autre penchant non moins puissant qui le pousse à secouer son joug. Elle ne règne plus sur les peuples, sa cause est perdue devant les assises de toutes les nations qu'elle avait nourries et bercées. A-t-elle même jamais été la maîtresse du monde, comme elle s'en vante quelquefois ? Son empire n'embrassait pas, même au temps de sa splendeur, le quart de la population du globe ; ses mystères, grands comme Dieu même, se passent presque tous dans un coin obscur d'une des plus petites étoiles de notre système planétaire. Et même au milieu des contrées où le règne de l'Église sembla, pour quelques siècles, le plus florissant, combien, au fond, était-il mal assuré ! Nos libres-penseurs, nos matérialistes, nos athées modernes ont tous de hardis aïeux. Dès le moyen âge et dans le sein du sanctuaire, se forgent les armes qui le doivent renverser, s'amassent les scandales dont on abusera pour le perdre.

Cette religion qui tend les bras à l'univers entier, qui élève son front jusqu'aux cieux, comme elle me paraît petite et faible, même dans ses triomphes !

Mais, ô mon Dieu, qui donc osera s'élever contre vous ? Les vases de terre demandent-ils au potier : Pourquoi nous avez-vous faits ainsi ? Pourquoi n'avez-vous pas empêché que nous fussions brisés dans le feu de l'épreuve ? Pourquoi les vases d'honneur sont-ils en si petit nombre ? Le levain qui soutient toute la pâte, le sel qui préserve toute la cuisson de la corruption tiennent dans le creux de la main.

Ah ! ne craignez pas, petit troupeau, ne vous troublez pas ; vous êtes faible, vous êtes persécuté, poursuivi, traqué, décimé, haï, mais il a plu au Père céleste de vous donner son royaume.

Le sceptre de l'Église c'est une croix sanglante. Dussions-nous redescendre aux catacombes, n'être plus que cent ou même que dix sur cette terre, ne tremblons pas, ne doutons pas, c'est encore à nous que les peuples viendront demander la délivrance et la paix, quand ils seront las de s'entretuer ; car nous portons le salut du monde !

## Prophéties modernes.

25 avril 1872.

M... m'écrit que de grands événements se préparent ; comme elle lit dans l'avenir et entretient des correspondances avec toutes les voyantes de notre temps, il faut l'en croire.

J'avoue cependant que ce ne sont point ces

prédictions qui m'effraient. Le Sauveur l'a dit lui-même à ses disciples : « Nul ne sait le jour ni l'heure ! Veillez, car vous ne savez pas l'heure à laquelle l'ennemi viendra. »

Tantôt il compare le jour du châtiment à un voleur, qui surprend le père de famille au milieu de la plus grande sécurité ; tantôt c'est un filet qui emporte tout d'un coup les petits poissons de la mer, ou bien c'est une femme que surprend le moment de sa délivrance.

Et cette incertitude où il nous laisse est une preuve de plus de la bonté divine. Si nous savions le jour, si l'heure était marquée, ou bien on s'abandonnerait à une aveugle confiance, se promettant toujours d'être prêt à temps, ou bien on tomberait dans le plus triste découragement, et une sorte de torpeur morale paralyserait toutes nos actions.

Il n'y a pas eu de temps plus désolés ni plus stériles que le dixième siècle, dont les générations étaient sans cesse épouvantées par les lugubres prédictions des millénaires.

Veut-on nous ramener à ces temps barbares, veut-on nous enlever le peu de courage qui nous reste encore, le peu d'énergie pour le bien qui soulève les âmes dans nos tristes jours ?

Dieu veut qu'on lutte toujours, sans défaillance comme sans présomption, et c'est pour cela qu'il nous laisse dans l'incertitude. Je ne dis pas que nous n'ayons à craindre, et même à craindre beaucoup, pour l'avenir ; mais je dis que toutes ces prédictions, venues de je ne sais où, ne sont certainement pas venues du ciel, parce qu'elles me semblent contraires à l'Évangile et à tout le plan divin.

Quel tort font aux âmes et aux bonnes causes certains esprits étroits, dont les exagérations et le parti pris semblent s'abriter derrière la religion et la rendre responsable de leurs actes !

## La grande stigmatisée.

23 août 1876.

Mgr B... disait qu'il y a toujours eu des stigmatisés sur la terre, depuis saint François d'Assise. Je ne sais, mais il y a une grande stigmatisée qui me touche bien davantage : c'est l'Église. Ah ! comme ses plaies saignent en ce moment ! Le Sauveur semble vouloir que chaque siècle soit témoin d'un nouveau crucifiement de son corps mystique ; mais jamais il n'a été cruel comme de nos jours, jamais pharisiens et populace n'ont blasphémé autour de la divine victime avec autant de rage et d'effronterie.

C'est là, encore, une des peines les plus cuisantes de mon âme, une des tortures les plus terribles de mon esprit, qui cherche en vain à tout concilier dans les contrastes du plan divin. Dieu qui se tait toujours, des ténèbres palpables et une lumière inaccessible, autant de sophismes que de plaidoyers pour la vérité, et l'homme, avec sa faiblesse, si abandonné dans une telle lutte ! Mon Dieu, mon Dieu, où êtes-vous ?

## Pie IX. — Les épreuves de l'Église.

8 février 1878.

Hier 7 février restera une date solennelle dans l'histoire de l'Église. Le pape Pie IX est mort ce jour-là, à quatre heures du soir, et en même temps les Russes faisaient leur entrée à Constantinople. Oh ! mystérieux desseins de la Providence, que vous êtes impénétrables ! Les catholiques aimaient à se bercer de l'espoir que leur grand, saint et vaillant pontife ne mourrait pas sans avoir vu le triomphe de la divine cause, et voilà que vous l'appelez au moment le plus périlleux !

Le schisme et l'hérésie se donnent la main par dessus le corps de l'Église foulé aux pieds, s'avancent comme deux colosses immenses prêts à tout envahir. La Révolution, le blasphème aux lèvres, les mains sanglantes, menace le conclave, et toutes ces voix maudites crient aux disciples du Sauveur : C'en est fait du catholicisme !

Ne nous sauverez-vous pas, ô Jésus notre maître ? Faudra-t-il que l'Église, inclinant comme vous sa tête couronnée d'épines, redise le *Consummatum est* ?...

Ah ! où donc est ma foi ? L'épreuve c'est la vie de l'Église, c'est son triomphe, c'est sa récompense. Elle marchera, la divine persécutée, à travers le sang, s'il le faut, perdant à chaque pas ses fils par le martyre ou la défection, réduite à un petit nombre de fidèles, mais toujours vivante, toujours courageuse.

Je ne demande pas pour elle des victoires miraculeuses, des prodiges instantanés ; je suis sûre, quoi qu'on en ait dit, que le souverain pontife, aujourd'hui pleuré, ne les lui prédisait point non plus : il savait trop bien que le courant des idées ne change pas en quelques années, et que la marche de l'humanité, toujours respectée par la Providence, met des siècles à creuser un sillon contraire à celui dans lequel elle est engagée.

Non! je ne recule pas devant l'épreuve, je bénis la persécution, j'attends le creuset qui doit purifier l'or de la sainteté. Je veux espérer contre l'espérance même, et je sais que pour nous ramener à lui, Dieu a des moyens aussi lents qu'imprévus. Témoin les barbares, les tortures des premiers siècles, etc.

D'ailleurs n'y a-t-il pas des contrées qu'il abandonne, soit qu'elles aient été trop ingrates ou trop rebelles? L'Église les laisse incultes et ne manque pas pour cela de terres à défricher.

Hélas! hélas! je sais tout cela, et malgré moi mon cœur se serre dans l'angoisse. Non, il ne faut pas se le dissimuler, nous traversons une terrible tempête. Bien des passagers vont périr sans doute, si le vaisseau ne se brise.

Quel nautonnier va-t-on lui donner? Que vont faire les puissances pour entraver sa route? — Quelle tâche, grand Dieu, que celle de succéder à Pie IX!

J'ai essayé tout à l'heure de réciter un *De profundis* pour ce grand et saint pape: cela m'a été littéralement impossible et ma pensée s'élevant vers lui, malgré moi, comme vers un habitant du ciel, je l'ai prié de tout mon cœur pour cette Église qu'il a tant aimée, si bien servie et pour laquelle il a tant combattu.

Quelle grande et sainte figure que celle de ce pape ! Les blasphèmes des impies, au lieu de la souiller, la font paraître plus brillante encore ; leurs hurlements lui servent de chant triomphal. Jamais pape ne fut aimé comme lui, aucun n'a tant souffert, mais aucun n'a été autant consolé. Jamais homme, depuis le Sauveur du monde, n'a excité ni tant d'enthousiasme, ni tant de haine ; jamais père n'a eu des enfants aussi dévoués, ni aussi nombreux. — Devant un tel saint, une telle foi, une pareille grandeur, tous les doutes se taisent et, notre fierté catholique s'élevant plus haut que toutes les clameurs, nous affirmons au milieu de la tempête notre inviolable attachement à la barque de Pierre.

J'ai passé l'après-midi à rédiger un article sur la mort du Saint-Père pour l'*Indicateur*.

M^lle^ C... m'envoie un billet pour une séance qui aura lieu ce soir dans un milieu fort peu orthodoxe : je le lui retourne à l'instant, ce soir il faut rester dans son deuil. D'ailleurs le temps des compromis est passé, je ne puis comprendre qu'on aille faire nombre dans le camp ennemi. C'est à peu près ce que j'écrivais ce matin aux D^lles^ D... en les remerciant avec effusion des belles broderies qu'elles nous ont envoyées.

## Inertie des bons.

16 janvier 1879.

Visites et courses dans l'après-midi. C'est étrange d'entendre les plus chrétiens, de les trouver si insouciants, si tranquilles en face des persécutions qui menacent, qui atteignent l'Église leur mère.

Ce symptôme est plus effrayant que toute la rage des ennemis. S'ils ne se réveillent pas, s'ils ne se sentent pas blessés quand la crise deviendra tout à fait aiguë, le tout petit troupeau des vrais fidèles demeurera bien impuissant. La foi s'éteindra lentement, sans qu'il soit même besoin d'employer une violence trop révoltante.

Voilà le péril. Serait-il donc vrai que les questions religieuses ne passionnent qu'autant qu'elles sont mêlées à l'intérêt humain, qu'autant qu'elles se rattachent à l'idée de la politique ou aux rancunes de race, comme on l'a vu tant de fois ?

## M. de Mun.

2 février 1874.

Heureux ceux qui n'ont pas seulement la foi, mais qui sentent l'enthousiasme déborder de leur cœur ! Nous avons entendu M. de Mun au cercle des ouvriers, c'est admirablement beau.

Un jeune officier avec le zèle d'un apôtre s'exprimant dans un langage digne de l'Académie, c'est ce qui ne se rencontre pas souvent.

M. de Mun est un des fils d'Eugénie de la Ferronnays. Sa pieuse et mélancoliqne mère lui a laissé, en partant pour le ciel, le pieux et poétique héritage de ses vagues aspirations vers le beau et le divin. Il y a dans le regard de ce jeune homme quelque chose de céleste. Il s'est dévoué à l'œuvre des patronages ouvriers. Rien ne le décourage, ni les obstacles de toutes sortes, ni le peu de succès, ni les railleries du monde, ni les insultes des partis, ni les dégoûts attachés à une pareille entreprise.

J'admire surtout qu'il puisse rester enthousiaste. Ah ! quand on voit de près ce peuple des villes au dix-neuvième siècle, on se prendrait plutôt à douter des destinées de l'humanité et de l'existence de l'âme dans ces corps abrutis. Lui, il a foi en Dieu, en l'homme et en son œuvre, et il le dit bien ! Il voit l'homme par ses beaux et nobles côtés. Dernièrement, j'entendais des femmes, chrétiennes et charitables cependant, échanger la conversation suivante : « Vos pauvres vous sont-ils un peu reconnaissants ? — Bast ! que m'importe ! je ne m'en inquiète pas, ce n'est pas pour eux que je travaille. » M. de Mun ne dirait pas cette cruelle parole ; il travaille pour Dieu, mais aussi pour l'humanité ; il ne dédaigne pas la reconnaissance du pauvre, parce que ce sentiment relève l'homme qui l'éprouve, comme celui qui le fait éprouver.

Quel ferme chrétien que ce jeune homme ! On dirait quelque martyr de la légion Thébaine ressuscité pour réveiller notre foi engourdie. « On nous appelle des illuminés, disait-il, j'accepte ce nom ; tant de gens dans notre siècle sont environnés de ténèbres, qu'on est tout heureux de se sentir en plein dans la lumière. On rit de notre zèle, et nous, nous nous en faisons gloire en répétant cette fière parole qui a fait le monde moderne : Nous sommes chrétiens ! nous possédons la vérité et nous ne pouvons nous en taire, *non possumus non loqui !* Mais avant de parler à nos frères, nous nous adressons à Dieu, nous prions, car nous ne croyons pas qu'on puisse rien fonder sans la prière et sans la grâce. »

La prière ! ce jeune soldat en parle comme jemais prédicateur n'en a mieux parlé... Il a comparé éloquemment la prière chrétienne à la prière antique, nous montrant le vieux Priam embrassant les genoux d'Achille, baisant les mains teintes encore du sang de ses fils, et fléchissant par ses gémissements cette sombre fureur du héros que rien encore n'a pu apaiser.

En parlant du pape, de l'Église, des persécutions endurées par l'évêque de Genève qui présidait l'assemblée, le jeune orateur s'est élevé jusqu'au sublime. Il nous a montré le pontife exilé à Ferney plus grand que les potentats et les despotes, entre la grimaçante image de Voltaire et le sinistre souvenir de Calvin. Puis il a trouvé des couleurs charmantes pour peindre le pèlerinage des ouvriers à Notre-Dame de Liesse, il a décrit avec une grâce pittoresque ce vieux château des princes lorrains, sur les murs duquel on peut saluer encore la double croix des Guises, emblème redouté des sectaires dans nos grandes luttes pour la vieille foi.

## M. Hamon.

21 février 1874.

Je rentre de l'enterrement de M. Hamon, le vénérable curé de Saint-Sulpice. Une foule respectueuse suivait à travers la neige le modeste corbillard, les curieux rangés en haie se découvraient avec empressement. « Cet homme, disait une bonne vieille, vous savez ! c'était comme un saint ! »

Je n'aimais pas M. Hamon, dont le ton pleureur m'agaçait, mais je n'en ai pas été moins touchée de ce grand concours, de ces louanges désintéressées, de ce respect populaire. C'est là une belle vie passée à faire le bien, et une mort enviable.

Combien de fois ne l'ai-je point rencontré par tous les temps, dès le matin, la tête penchée, les mains croisées sur sa poitrine, les lèvres entr'ouvertes comme pour une prière continuelle ; il revenait déjà de chez ses pauvres. Ces jours derniers on avait exposé son corps au presbytère, le peuple du quartier se pressait pour le voir une dernière fois. J'y allai comme les autres. Ses traits étaient contractés par la souffrance et presque méconnaissables ; la charpente osseuse se dessinait sous la chair jaunie du cadavre, et, pourtant, il y avait autour de cette tête comme une auréole de paix et de sainteté qui m'impressionna. On dit que son agonie a été terrible : lui, si naïf dans sa foi, qu'on eût dit parfois un enfant, sentit les doutes les plus désolants, les désespoirs les plus affreux. Je le plains, mais n'est-ce pas une consolation de penser que les saints ont aussi de ces épreuves !

Et tandis que la paroisse de Saint-Sulpice rendait à son pasteur des hommages qui l'honorent elle-même, tout Paris n'avait d'yeux que pour le nouvel Opéra.

On dit que c'est un temple à Vénus qui s'élève au milieu de la cité chrétienne ; on dit que Babylone ou Pompéi n'ont pas révélé, à ceux qui étudient leurs ruines, une corruption plus éhontée que la nôtre ; on dit enfin que tous ces marbres, ces peintures, ces décors, crient vengeance contre nous. Et il est des gens qui appellent cela la gloire de la France, sa résurrection !

## Mgr Coste en visite pastorale.

20 novembre 1876.

Nous avons eu M^gr de Mende à dîner ; c'est une vraie bénédiction de Dieu que de pouvoir approcher de tels hommes, on se sent meilleur dans l'atmosphère où rayonne leur douce charité. C'est un homme si parfaitement digne, calme et modeste, que sa vue seule repose l'âme. Voilà, vraiment, l'idéal du prêtre.

On ne peut rencontrer une simplicité plus grande ni plus majestueuse que celle de ce fils des montagnes, tout pénétré de l'onction du sacerdoce, humble et grand sous sa dignité d'évêque. Indulgent et ferme, souriant et grave, d'une timidité et d'une modestie d'enfant, je suis sûre qu'au besoin il saurait déployer l'indomptable courage d'un martyr.

Son diocèse est pauvre, le climat en est dur : ces jours derniers le vent et la bise soufflaient déjà terriblement sur les montagnes où Mgr Coste faisait une tournée. Arrivé à un endroit escarpé, à l'angle d'une route qui surplombe un abîme, Monseigneur voit autour d'un feu de joie toute la population d'un village en habits de fêtes ; on savait qu'il devait passer par là et on l'attendait gaiement malgré le froid. Les femmes lui présentent leurs enfants :

« Pauvres petits, grelottants et violets, que je bénis bien vite en recommandant de les cacher du vent, disait l'évêque en souriant. Mon chapeau s'enfuyait, pas moyen d'avoir l'air un peu digne. Un garçonnet de dix ans veut pourtant me lire son compliment; la feuille s'envole, mais l'enfant le sait par cœur, je n'y puis échapper. Le vent soufflait dans ses cheveux blonds, je le pris sous ma douillette pour le garantir : Au moins, lui dis-je, tu n'auras pas froid comme cela, et je t'entendrai ! — Vous pensez que ma réponse ne fut pas longue, je leur dis que si leur pays est froid, leurs cœurs sont chauds. J'avais les larmes aux yeux de tant de piété. »

Et nous, nous les avions aussi et nous les dissimulions avec peine. Le trait n'était-il pas charmant ? Si le bon évêque s'était douté que l'honneur lui en revenait, il ne l'eût pas conté, et c'eût été dommage.

Mgr Bourret lui a donné un anneau en diamants ; mais ce bijou de femme convient mal au saint pasteur, on voit qu'il le gêne. Il en a d'autres, nous a-t-il dit, plus simples et qui lui sont aussi précieux, car l'un vient de Mgr de Cheverus et l'autre d'un évêque martyr pendant la Révolution.

## Souvenirs de la Terreur en Rouergue.

C'est une grande et terrible charge, dans le temps où nous sommes, que celle de l'épiscopat. Mgr Coste le disait avec simplicité. « Peut-être ne me donneront-ils pas d'argent pour acheter une crosse d'or, ajoutait-il en souriant, mais les bergers de nos montagnes sauront bien m'en tailler une, et ce me serait égal, allez !

« J'ai vu, dans ma jeunesse, d'anciens confesseurs qui avaient passé par la tourmente de 93. Je les vénérais de toute mon âme ; peut-être sommes-nous réservés pour des temps plus durs encore. »

Et il nous racontait des traits qui font honneur à son pays, nous assurant qu'on retrouverait, s'il en était besoin, des caractères de la même trempe, parmi les paysans du Rouergue.

Les premières années de son ministère sacerdotal se sont passées à Saint-Cyprien, petit village situé entre Marcillac et Conques, à l'endroit où cette vallée si pittoresque de Salle-la-Source se resserre et où s'élèvent ces montagnes sombres que baigne la rivière aux eaux sanglantes, dont l'impression sinistre reste toujours dans mon esprit, depuis notre voyage en Rouergue. Lorsqu'il arriva dans ce hameau, on le conduisit chez une femme âgée de plus de quatre-vingts ans et vénérée dans toute la contrée. Voici ce qu'on lui apprit de la bonne vieille.

Au temps de la Révolution, elle était jeune encore, veuve, chargée d'une nombreuse famille et à la tête d'une ferme considérable. Son caractère énergique, sa foi généreuse étaient bien connus. Beaucoup de prêtres trouvèrent un refuge chez elle ; un jour il lui arriva d'en cacher douze à la fois. Mais elle avait été dénoncée au district. Les patriotes résolurent de surprendre la ferme pendant la nuit et de s'emparer d'une si belle capture.

Un messager dévoué vint aussitôt avertir la paysanne. La nuit commençait à tomber, ses hôtes dormaient dans les granges, car ils étaient harassés de fatigue ; elle défendit de les éveiller. « Suis-moi ! dit-elle, simplement, à un de ses plus robustes domestiques ; prends ta hache ! » L'énergique femme le conduisit au pont de bois qui traverse le torrent rouge, lui ordonna de le couper et ne se retira que lorsqu'elle se fut assurée d'une large brèche.

Une heure ou deux plus tard, les patriotes arrivèrent. Ils étaient à cheval, la nuit s'était faite complètement obscure ; ils commencèrent à suivre le pont, mais, arrivés au bout, cheval et cavalier tombèrent lourdement ; trois des premiers de la troupe qui voulurent tenter le passage eurent le même sort. Leurs compagnons les retirèrent, avec peine, du torrent boueux, puis la bande féroce, déconcertée, reprit en jurant le chemin de Marcillac ; elle n'avait plus la même ardeur à la besogne. Le lendemain la fermière éveilla ses hôtes à la pointe du jour, leur indiqua différentes retraites et pressa leur départ ; tous furent sauvés. La bonne femme croyait avoir fait une action très simple.

Deux vieilles filles se montrèrent plus courageuses encore. Le curé de leur village était caché chez elles ; les patriotes l'apprirent, fouillèrent toute la pauvre maison sans rien trouver et sommèrent les deux sœurs de leur livrer leur hôte. « Jamais ! dirent-elles. — On va vous pendre, vous brûler, vous écorcher vives. — Faites ce que vous voudrez ! »

Les furieux entraînèrent les deux malheureuses sur la place du village, dressèrent un bûcher au milieu duquel on attacha les pauvres filles, puis on y mit le feu. Nos courageuses paysannes priaient et s'exhortaient à bien mourir.

Grâce à Dieu, un des hommes de la bande, touché de pitié et d'admiration, parvint à les sauver ; on les délia, mais elles fussent mortes avec joie et nul outrage ne put ni leur arracher leur secret, ni ébranler leur courage.

## Saint Ignace de Loyola.

31 juillet 1878.

Été à la messe rue de S.., dans cette chapelle ornée comme un paradis, qui bientôt peut-être sera fermée, dévastée. J'ai prié de tout mon cœur. Saint Ignace voyait de son temps les grands ordres religieux marcher à la décadence par la prospérité même ; il les voyait dégénérer et prévoyait qu'ils croupiraient bientôt dans une immobilité mortelle. Il demanda pour son œuvre une lutte éternelle ; il souhaita le sort de ces beaux fleuves qui, arrêtés dans leur cours par mille obstacles, luttent, rebondissent, tournent le rocher et deviennent par la gêne même plus impétueux et plus bienfaisants — il l'a obtenu. C'était un grand cœur que celui de ce saint. Le mien tremble toujours.

Pour me consoler j'ai essayé de penser au ciel : dans ce sanctuaire, c'est facile. Le ciel, c'est là seulement que nous serons heureux, que nous nous reposerons ! Mais comment ? Je me fatigue à me le figurer, à le vouloir de telle ou telle manière, tandis qu'il faudrait s'abandonner sans réserve à Celui qui vit dans l'éternel bonheur d'un triple amour et qui sait si bien ce qu'il faut aux âmes filles de sa lumière.

Hélas ! comment s'empêcher de rêver, de se torturer au fond de soi-même ?

## Expulsion des Jésuites de la rue de Sèvres.

30 juin 1880.

La grande iniquité est consommée. C'est fini, ou plutôt tout commence ! Mais au milieu de ces douleurs, quel triomphe pour ces confesseurs de la foi, quel beau rayon ajouté à leur glorieuse auréole ! Pendant trois jours, la chapelle bien-aimée a été remplie d'une foule sympathique et désolée, se succédant d'heure en heure.

Le salut d'adieu a eu un caractère particulièrement touchant. Les fidèles se pressaient, non seulement dans l'enceinte, mais dans la cour et jusque dans la rue, s'agenouillant sur les trottoirs. Les hommes les plus honorables ont tenu à honneur de passer la nuit dans la chapelle et quand, les portes forcées, l'asile a été violé malgré les protestations du baron de Ravignan, propriétaire de l'immeuble, quand on a vu sortir les confesseurs de la foi, de courageux fidèles, à genoux sur le seuil, leur ont demandé leur bénédiction en baisant le pan de leurs soutanes.

Et cependant, la persécution a du bon, je la comprends maintenant dans l'étonnant caractère que l'Évangile lui a donné. C'est bien là le côté divin ; l'antiquité païenne ne soupçonnait rien des vertus qu'elle fait naître.

On lit dans les légendes des saints que des tremblements de terre, des châtiments soudains effrayaient souvent ceux qui martyrisaient les chrétiens. Nous ne voyons pas la terre trembler et le soleil reste radieux malgré l'iniquité de ce matin : ah ! c'est que le vrai miracle de Dieu est la force dans la faiblesse humaine, la paix dans l'injure, le triomphe dans la défaite.

Qu'ils sont petits les instruments du mal, quand on embrasse d'un coup d'œil le plan divin !

Combien durera l'épreuve ? jusqu'où ira-t-elle ? Qu'importe, si on sait bien la supporter ? Dieu n'abandonnera pas notre pays, car la vraie France, la France catholique vient de montrer une fois de plus sa vitalité, sa générosité.

## Demain est à Dieu.

Septembre 1881.

J'écoutais la parole si pieuse, si ferme et si douce, que la foi met sur les lèvres de l'homme au front duquel nous aimons à voir comme un rayon divin, et je me disais : « Pourquoi Dieu laisse-t-il aux méchants le pouvoir de tout détruire ? d'éteindre la lumière, de froisser, de meurtrir, de déchirer les âmes ? » Sans pouvoir m'en empêcher, j'ai dit un peu de ce qui me pesait sur le cœur, non pas tout, car je ne voulais pas attrister celui qui me consolait : « O ma fille, me répondit le P. T., toujours confiance et paix. Non, ils ne peuvent rien, ceux qui s'agitent vainement dans ce monde qui passe ; un de leurs poëtes, qui fut grand autrefois, a écrit un vers sublime :

Tu ne prendras pas *demain* à l'Éternel.

Demain est à Dieu, espérons qu'il nous le donnera en rapport avec notre faiblesse, et s'il veut nous y éprouver, eh bien ! confions-nous encore à sa bonté. Mais je parle, et vous m'écoutez docilement ; puis, quand le rayon est passé, vous retombez dans vos désolations. Allons, allons, un peu de courage, enfant de Dieu ! »

## Idéal du prêtre

10 novembre 1881.

Non, il n'est pas bon de trouver dans le prêtre les soucis de la famille ou les dégoûts de l'ambition, quand même il les dominerait avec la pensée d'un désenchantement, d'un mépris universel pour le monde.

Les premiers lui enlèvent cette supériorité que nous lui voulons reconnaître avant de lui donner notre confiance ; les autres nous amollissent en sortant de ses lèvres et nous rendent incapables de courage.

Oh ! comme l'état religieux me paraît le vrai idéal du prêtre : point de famille, point de mondanité, point d'avancement possible. Le calme dans l'union fraternelle, dans le zèle, dans l'étude. Point de désenchantement et un regard sain pour les choses de ce monde, estimées à leur valeur chrétienne. Les ennemis de l'Église le savent bien, ils savent que la confiance et le respect des chrétiens vont toujours là. C'est le secret de leur haine.

## Séparation de l'Église et de l'État.

12 décembre 1891.

Nous traversons de tristes jours et, malgré soi, on ne peut se défendre d'un désir bien imprudent sans doute, c'est de voir se réaliser cette séparation de l'Église et de l'État, tant réclamée par les adversaires. En principe, je sais bien que cela reste inadmissible ; par le temps qui court, ce serait peut-être le salut de l'Église de France !

Je n'espère pas que nos radicaux en viennent là ; ils sentent bien qu'ils joueraient gros jeu ; ils continueront à opprimer et à persécuter tout doucement, avec tout l'art dont ils sont capables, afin d'habituer les populations à se passer de pasteurs, à ne voir en ceux-ci que des fonctionnaires insouciants : et le mal se fera bien plus sûrement.

En attendant, il faut subir les phrases stupides à l'aide desquelles les catholiques tièdes croient se mettre en règle avec leur conscience. Dernièrement, chez Mlle H., une petite tête de linote disait d'un air capable que « les prêtres devraient surtout se faire oublier ». — Se faire oublier, afin qu'on ne tourmente pas, non plus, leurs timides ouailles, n'est-ce pas, Madame ?... Hein, dites donc, si les apôtres s'étaient fait oublier, comme vous trouveriez cela plus commode !

Ce n'est pas que j'approuve les attaques violentes ou grossières de la part du clergé; mais il me semble qu'une persécution serait bonne, justement parce qu'elle empêcherait d'oublier Dieu, l'Église et le devoir de la conscience.

Hélas, hélas ! qu'attendre d'un peuple empoisonné, chaque matin et chaque soir, par les feuilles à un sou ? Je viens de lire un très bel article de l'abbé de Broglie, sur l'avenir du catholicisme en France. Il me paraît optimiste dans sa réponse à M. Taine. Puisse-t-il dire vrai cependant, puisse ce solide noyau, sur lequel il compte, ne se fondre ni diminuer !

## Le protestantisme.

17 mars 1897.

Oui, la vie individuelle est triste, mais celle des peuples, à notre époque, l'est plus encore : parce qu'ils ont perdu cette grandeur, cette moralité, qui consolaient les individus du peu qu'ils se sentaient par la pensée de la glorieus patrie dans laquelle ils étaient absorbés.

L'Europe a laissé dernièrement égorge trente mille chrétiens en Arménie par pu égoïsme, elle laisse à présent l'Espagne au prises avec les États-Unis. Et ceux-ci, qu'o prétendait jeunes et généreux, ne valent pa mieux que nos gouvernements décrépits d vieux monde. L'Angleterre se joint au Yankees ; toutes les nations protestantes ver raient avec une cruelle joie disparaître la catho lique Espagne, dont la gloire fut si grande au temps passés.

J'ai avec la protestante Mlle B., à Berlin, un étrange correspondance : elle, voulant s'initier la pire littérature de notre pays et me deman dant de lui servir d'intermédiaire, de lui achete les ouvrages de Zola, par exemple ; moi, luttan toujours pour notre cause et n'arrivant à rie malgré mes longues lettres, mes services dévoué en tout ce que je puis faire qui ne soit pas con tre ma conscience. Comment m'écouterait-elle Ce que je défends lui paraît vieilli et sans l moindre chance de succès.

Ne me demandait-elle pas l'autre jour mo avis sur les contes de Bernard Lazare, un jui ou du moins un moderne inspiré par la juiverie souveraine de notre temps? Elle les trouvait pleins d'une philosophie douce, mélancolique et séduisante. Peut-on abuser ainsi des mots ! Je lui ai transcrit un des plus hideux blasphèmes de cet auteur dans son recueil de *la Porte d'ivoire*, en lui demandant si les milieux protestants qui n'admettent plus la divinité de Notre-Seigneur feraient bon accueil à de pareilles inepties. Mais le cœur me saignait en copiant une telle phrase. Vos dogmes, lui écrivais-je, sont devenus si vagues que la morale doit nécessairement être très flottante aussi parmi vous ; c'est ce qui explique comment les contes de Bernard Lazare, aboutissant presque tous au suicide, peuvent être si goûtés là-bas. Le suicide, il se multiplie d'une manière effroyable partout, mais naguère encore, la statistique en faisait foi, ils étaient bien moins nombreux dans les pays catholiques que dans les pays protestants : pour un million d'habitants, on ne comptait par an dans les premiers que 58 suicides, 96 dans les pays mixtes, 190 dans les contrées entièrement protestantes !

Combien je le déteste, ce protestantisme, qui a arrêté le développement de l'œuvre du Sauveur et qui nous a précipités dans le rationalisme, puis dans l'athéisme complet ! Et, chose étrange, après que Luther a prétendu revenir au Christ, tenir tout de lui, réformer un culte dont il le disait banni, on a vu s'élever parmi les siens ceux qui devaient découronner la figure du Rédempteur de toute auréole divine.

## Art religieux.

20 novembre 1866.

Je passais ce matin près d'un grand magasin d'objets religieux et je voulus m'arrêter pour regarder l'exposition des crèches et des cadeaux de Noël. J'en revins attristée plus que je ne saurais le dire. Des poupées roses, aux cheveux d'étoupes et aux yeux de verre, figurent le radieux Enfant-Dieu ; on rapetisse nos mystères à la proportion des jouets ordinaires. La foule rit ou blasphème en passant, et je me demande si l'industrie soi-disant pieuse, qui spécule sur de telles choses, n'est pas coupable ?

Ah ! que nous sommes loin de cette belle Madone Sixtine avec l'Enfant divin dans les bras, cet Enfant aux yeux de flammes qui semble peser du poids de tous les mondes sur les bras gracieux de sa Mère ! On ne nous montre plus que des Christs langoureux et romanesques, on fait du Sauveur un héros sentimental et, sur cette poitrine divine, sur cette large poitrine qui devrait aspirer avec tant de puissance l'air et la vie de l'humanité, on place un cœur de forme conventionnelle, puis on nous veut faire croire que c'est là l'image de notre Dieu! Et les bonnes âmes s'extasient et achètent, sans se douter qu'elles tuent à la fois l'art chrétien et la vraie, la grande piété.

## Peintres.

23 avril 1872.

Revu les œuvres de Regnault à l'exposition des beaux-arts. J'en reviens avec une double impression de tristesse.

D'abord à cause de cette mort si prématurée, qui a brisé cette palette si brillante.

Ensuite parce que, parmi toutes ces œuvres d'un incontestable talent, je n'en ai pas trouvé une seule qui indiquât le sentiment chrétien, ni même la plus petite lueur de spiritualisme.

Ainsi ce jeune homme si heureusement doué, si accessible à toutes les impressions, n'en a pas reçu une seule qui vînt d'en haut. Il s'en est allé sans avoir jamais songé à un monde différent de celui des plaisirs et du succès.

Nous sommes revenus au paganisme ; et encore, les esprits intelligents de cette époque cherchaient plus haut, les nôtres veulent toujours descendre.

On dit que ce jeune homme avait une fiancée tendrement aimée, et j'ai cherché en vain la trace de son influence parmi les toiles des dernières années. N'y a-t-il plus de foi, même au cœur des jeunes filles? plus d'idéal dans l'amour honnête, plus de prière au foyer? Elle ne lui a demandé ni une Madone pour sa chambre d'épouse, ni un Christ pour les jours d'épreuve... Non ! je ne vois autre chose que des almées qui dansent, ou des femmes couchées sur les tapis du harems ; que des bourreaux mahométans qui tranchent des têtes avec une indifférence cruelle.

Ces scènes habilement rendues, ces couleurs chatoyantes, ces palais orientaux, ce jeu habile de la lumière dans les draperies, cette volupté sensuelle qui perce partout, enfin tout cet ensemble tant admiré, m'a laissée froide et j'en ai encore le cœur étrangement serré.

En contemplant le buste de l'artiste, j'ai eu

le mot de son œuvre. Ce buste couronné de roses blanches, qui sourit d'un air goguenard, il est vulgaire ; ces traits sont marqués par de grossiers appétits ; il y a dans ces narines dilatées un frémissement puissant qui cherche à aspirer la vie, mais la vie des sens seulement.

Hélas ! combien de jeunes hommes de notre temps ressemblent à ce buste !

Sa Salomé elle-même, n'est-ce pas un signe du temps ? L'objet principal du tableau était autrefois la tête de saint Jean ; maintenant, on préfère la danseuse, qui n'est plus qu'une étude tapageuse et un prétexte pour certains contrastes.

Je rêverais des heures devant une esquisse de Flandrin. Que me fait cette bayadère aux dents aiguës, si habilement peinte qu'elle puisse être ?

6 mai 1873.

Je copie au Louvre une Sainte Famille du Carrache réduite aux trois quarts ; cela m'intéresse beaucoup.

Annibal Carrache a eu, dans cette toile, une inspiration vraiment belle et chrétienne, quoi qu'en puisse dire M. de Montalembert, qui n'aime pas les Carraches. L'Enfant Jésus est debout sur les genoux de sa mère, il appuie son charmant visage contre la barbe soyeuse de saint Joseph, qui lui présente des cerises. La Vierge, pensive, incline doucement la tête et semble absorbée dans ses réflexions. Les têtes, les membres, le petit corps entièrement nu de l'Enfant, tout cela est presque aussi beau que la nature. Il y a entre ces trois visages une harmonie touchante ; ce sont bien les trois âges de la vie rapprochés et unis dans une caresse divine. C'est le type de la famille humaine, relevée et transfigurée par l'incarnation divine.

De quelle envie je me sens saisie, quand je songe aux artistes qui peuvent rendre ainsi la pensée de leur cœur ! Mes rêves meurent comme ils naissent, dans l'obscurité de mon imagination.

L'exposition de peinture est ouverte depuis quelques jours.

Cette année les sujets religieux semblent être à la mode, mais combien sont-ils peu religieusement traités ! Comment, d'ailleurs, des pinceaux tout souillés de la fange du sensualisme se trouveraient-ils, tout d'un coup, assez purs pour traiter les scènes chrétiennes ?

Les artistes choisissent de préférence l'Ancien Testament, parce qu'ils s'y sentent un peu plus à l'aise, et ils ne cherchent pas, certes, à nous en montrer le côté édifiant. Cabanel a exposé Thamar implorant la vengeance de son frère Absalon. Le plus beau et le plus fougueux des fils de David me semble bien compris ; son geste, quoiqu'un peu théâtral, est d'un grand effet : il jure d'exterminer la moitié de la maison de son père pour venger l'outrage ; on voit bien qu'il saura tenir son implacable serment. Mais pourquoi ce déshabillé complet de Thamar ? A-t-elle donc déchiré sa robe de façon à n'en pas laisser un lambeau ?...

Et cette grande toile intitulée la vengeance des Gabaonites : est-ce assez consacré au désir de l'effet et à l'étude du nu ?

16 mai 1873.

J'ai revu l'exposition sans trouver ce que j'y cherche malgré moi : une composition, une œuvre qui satisfasse mon idéal. Chose étrange, notre imagination s'élance toujours au delà du réel, il lui semble qu'elle est bien plus riche que tout cela ; le beau qu'elle rêve, nul ne peut le lui montrer, elle dit sans cesse avec dégoût : Hé quoi ! ce n'est que cela ?...

Les merveilles de la nature sont les seules

qui l'étonnent ; celles du cœur humain, du cœur d'un autre être semblable à elle, les seules qui la satisfassent un instant. La pleine jouissance ne pourra jamais se trouver ici-bas !

Les tableaux que j'ai remarqués dans ma seconde visite, loin de réaliser l'idéal cherché, m'ont déplu et remplie de dégoût. Ces toiles sont des mensonges, qu'on essaie de faire passer dans l'âme du peuple, à force de les reproduire à ses yeux. Ici, c'est Galilée, avec une grosse chaîne aux pieds, gémissant dans les cachots du Saint-Office ; là, l'excommunication au dixième siècle, amenant avec elle misère et désolation sur toute la terre. Puis, que de petits tableaux grivois, grossiers, infâmes, représentant les moines dans les situations les plus révoltantes ! que de nudités voluptueusement étalées ! que d'appels aux plus mauvaises passions ! Et tout cela est fait avec talent, avec une habileté incroyable ; c'est ce qui est le plus triste : voir ainsi les hommes guerroyant Dieu de ses dons !

Ici l'on touche du doigt, pour ainsi dire, la dégradation humaine et ce dévergondage des sens qui confine avec la bestialité.

Tant d'artistes vivent de la fange que prodigue leur pinceau ; tant de riches amateurs payent au poids d'or ces images raffinées d'une vie immonde !... Cela donne la mesure des infamies d'un certain groupe d'hommes. J'en ai encore des nausées. Comment voir sans dégoût les plus mauvais souvenirs de la mythologie s'étaler dans leur honteux cynisme, en pleine civilisation chrétienne? Ce n'est pas que j'imagine des peintures à la puritaine, ou même à la Fiesole : je trouve, dans la forme humaine, dans l'harmonie des tons de chair, dans la grâce de cette architecture admirable du torse et des membres, la plus belle manifestation de la pensée divine, après la création de l'âme ; mais je voudrais que celle-ci, souveraine toujours, dominât sans conteste sur les instincts bas de la chair; en peinture comme en morale, la beauté chaste sera toujours la plus belle.

19 octobre 1880.

Je voyais hier l'exposition des œuvres de Couture et j'en recevais une impression étrange. Voilà un homme merveilleusement doué, il peint avec vigueur et talent, ses compositions sont harmonieuses, les idées ne lui manquent pas, et il n'a rien pu finir ! Cette impuissance d'une âme tourmentée, comme je la connais bien ! On voudrait tant, il semble même, qu'on pourrait tant de choses belles et utiles... et rien ne s'achève, rien ne vient au jour. Cette réunion d'œuvres ébauchées avec un véritable génie, fait mal à voir ; ce sont comme les efforts, les coups d'ailes d'un aigle gigantesque, renfermé dans une cage dont les invisibles fils le rabattent toujours vers la terre. Couture a comme résumé son angoisse dans cette allégorie de deux mains enchaînées, tenant une plume et une écritoire et ne pouvant écrire.

Que si l'artiste voulait faire de cette image une protestation de la libre-pensée, aujourd'hui il aurait pleine satisfaction : les mains des écrivains ne sont plus enchaînées ; mais quand on sait quels poisons elles versent et avec quelle profusion, il faudrait être insensé pour applaudir cet abus de la liberté.

Quel effet étrange n'éprouve-t-on pas aussi, devant cette immense composition du baptême impérial ? A côté de parties terminées avec une vigueur étonnante, l'ébauche a laissé comme une foule d'ombres funèbres errant autour de ce petit enfant. On pourrait même, dans cette confusion de traits, voir apparaître la tête hideuse d'un Zoulou guidé par une main de franc-maçon... Napoléon III est là, debout, avec sa raideur étudiée ; mais la tête manque, et ce masque blanc, à peine indiqué, impressionne comme la vue d'un fantôme. Il était là, cet homme, à qui tout souriait, présentant son fils, non à Dieu, mais à celui qu'il appelait le chef de *sa* dynastie et qui apparaît dans les nuages à la façon d'une divinité.

Il rêvait de dompter l'occulte puissance à laquelle il devait le pouvoir, et de donner la France pour famille à ses fils. Il se servait de la religion comme un habile jongleur des boules qu'il lance. Cette tête était remplie de vastes et ambitieuses pensées. La main de Dieu s'y pose un instant, et tout est effacé... J'ai passé, il n'était plus !

## L'art pour l'art.

28 janvier 1888.

Je lutte sans cesse contre la prétention de l'époque, contre cette maxime si orgueilleusement proclamée par l'école : « *l'art pour l'art* », le beau en dehors du bien. J'ai lu des quantités de traités d'esthétique, ils ne peuvent me persuader : tout cela me semble un fatras de paroles à l'usage des intéressés ; le bon sens, la raison, le souvenir des principes dans lesquels j'ai été élevée, tout se soulève et proteste.

Non, jamais je ne trouverai beau un livre

impie ou sensualiste, et je défie tous les *zolistes* de me montrer un chef d'œuvre conçu sous l'empire absolu de ces deux idées : l'athéisme et le matérialisme. Mais il est des ouvrages qui, surtout, me font éprouver une sorte d'écœurement : ce sont ceux des semi-chrétiens, de ces auteurs médiocres qui, tous, nous racontent la même histoire et qui, conservant certaines habitudes pieuses, certaines pratiques catholiques, parlent de la femme en païens, avec une naïve assurance, comme s'ils ne se doutaient pas du travail que l'Évangile avait fait depuis dix-huit siècles dans les idées et dans les mœurs.

Tout ce travail-là va-t-il disparaître ? Les francs-maçons, les juifs, les protestants réussiront-ils à le détruire ? Ils sont parvenus à rabaisser terriblement le niveau de la moralité publique en France et, tous les jours, ils remportent un nouveau succès. Notre pays avait dompté le protestantisme à son apparition ; il en subit, maintenant, l'esprit comme les nations qui l'ont accueilli. Le divorce est admis dans nos lois ; voici que les magistrats viennent de reconnaître la validité du mariage des prêtres, et que les sectaires préparent l'assimilation du clergé aux laïques ou, plutôt, l'anéantissement du prêtre, par le service militaire. Et comme le protestantisme n'est que la préface de la libre-pensée, on peut dire que celle-ci triomphe partout en Europe et dans les autres parties du monde, où elle a des missionnaires non moins ardents que les nôtres.

Les peuples pourront-ils donc se passer de religion? Verra-t-on les hommes vivre en société « sans Dieu ni maître »? Sommes-nous parmi les arriérés, nous qui nous cramponnons au dogme et qui jugeons encore avec les maximes de l'Évangile? A-t-on trouvé mieux pour élever le cœur de l'homme, pour adoucir ses passions, pour lui apprendre la charité, le respect de soi et le respect d'autrui, pour le tirer de la boue et pour le consoler dans les misères de la vie?

Ou bien, arrivons-nous à la grande apostasie prédite par l'Apôtre et dont le Sauveur n'a parlé qu'en allusion?

## Expositions.

3 juillet 1878.

Mon journal allemand arrive. On y admire notre exposition. A la bonne heure! O mon pays, comme je suis heureuse quand on te rend justice, quand on te trouve beau, industrieux, quand on t'envie. Va ! ce n'est pas par bouderie que tes fêtes me font mal : c'est que je te voudrais véritablement grand, beau, catholique, chevaleresque, enthousiaste du bien et du divin comme autrefois, avec tout ce que tu as gagné en plus, dans les temps modernes.

30 mai 1889.

Entrevu l'exposition du *Champ de Mars*. Le premier aspect éblouit, étourdit ; on comprend que les hommes du mouvement moderne s'enorgueillissent de leur œuvre : quand on y regarde de plus près, la fantasmagorie s'évanouit. Avec les dispositions nouvelles, cette exposition, en somme, n'est qu'une foire immense et Paris devient, de plus en plus, la guinguette de l'Europe.

Comment l'Église eût-elle béni ce pandémonium, où le seul culte admis et pratiqué est celui de Bouddha ? On l'a repoussée de ce temple de l'orgueil humain ; mais, en bannissant l'idéal qu'elle représente, l'homme redescend, malgré lui, jusqu'à la brute et au matérialisme le plus éhonté. Qu'on regarde, par exemple, les formes des statues allégoriques des grandes fontaines du centre et l'on verra combien l'indication du côté bestial du corps humain est exagérée !

L'art religieux, dit-on, n'est pas mort ; il a de belles œuvres à opposer, dans le Champ de Mars même, à l'art profane. Il est vrai que l'on rencontre encore des sujets chrétiens ; mais l'inspiration de la foi, où est-elle ? Ce n'est pas que je veuille en revenir aux types hiératiques du moyen âge ; chaque siècle doit glorifier Dieu avec toute la perfection des moyens qu'il possède. Hélas ! ces moyens puissants, mis entre les mains du nôtre, les a-t-il jamais employés à ce but dans un élan sincère ?

## Romans modernes.

1877.

Je viens de lire un roman de chez Dentu, qu'on m'avait vanté et que j'espérais pouvoir convenir à l'œuvre de Saint-Michel, dont il eût varié un peu les listes. Cela n'est pas faisable. Je ne parle ni du style, ni du plan, ni des scènes ; le tout est très faible, mais passable : ce qui m'a causé une véritable irritation, c'est l'esprit qui anime ces pages ; ce sont ces sophismes modernes, qui traînent, je le sais bien, dans toute la littérature mondaine et qui sont souvent exagérés avec une tout autre violence. Je n'y puis m'habituer. Quand on s'est accoutumé à juger avec la règle si exacte, si invariable du catholicisme, on trouve impardonnables toutes ces défaillances de la morale, toutes ces fausses maximes, toutes ces déclamations si creuses contre l'ordre sagement établi. On dirait, et certainement cela doit être, que tous ces auteurs ont quelque faute à se faire pardonner ; que, s'étant placés hors la loi, ils veulent forcer la loi à fléchir, plutôt que de se soumettre à sa juste rigueur.

D'ailleurs, avec les maximes de relâchement et de mollesse apportées dans le monde par une fausse tolérance, les notions du juste faiblissent tous les jours. On ne veut plus de punition pour le crime, on n'accepte plus le déshonneur pour expiation de sa faute. On ne souffre plus que le prédicateur, dans sa chaire, ni l'homme de Dieu, dans ses avis, parlent des châtiments célestes, ni répètent le mot de l'Évangile : *Faites pénitence !*

La foi, en s'amoindrissant, a fait place à une sorte de vague croyance au fatalisme, sur lequel il est commode de rejeter ses torts : entraînés, sans pouvoir résister au mal, les coupables sont des victimes et non des criminels. Aussi les caractères vont-ils en s'affaiblissant de plus en plus, l'autorité devient-elle à peu près nulle et le crime marche-t-il tête levée, exigeant les mêmes égards ou plutôt le pas sur la vertu toujours moins intéressante. Il y a quelques semaines, un jury parisien exemptait de la peine capitale un faussaire atrocement meurtrier de son enfant.

Tout se tient en ce monde, et les conséquences de cet écrit qui, peut-être, aux yeux de l'auteur, est parfaitement justifié par des circonstances particulières et que le lecteur parcourt sans y attacher grande importance, sont effrayantes cependant, après un temps donné.

23 février 1888.

Cette fois, j'avais à juger un livre de M. de Maupassant. Si je cédais à mon inspiration, je prendrais de telles pages avec des pincettes et les jetterais au feu. Il faut pourtant dire qu'il y a là du talent, parce que c'est vrai.

Je me suis aventurée à écrire que « le beau absolu ne pouvait exister sans être joint au bien ». Est-ce une énormité? N'y a-t-il pas des statues parfaitement belles et parfaitement immorales? N'a-t-on pas déclaré que chercher la moralité ou le *bien* dans l'art, n'avait pas le sens commun ? Seulement, m'est-il défendu de penser autrement ?

Je juge, moi, d'après une règle bien simple ; je me place en face de ma conscience et je lui dis : Dans telles circonstances, m'aurais-tu permis d'agir ainsi, d'énoncer telle doctrine, telle idée ?... Elle hésite rarement, mais est-ce que cela suffit pour écrire des critiques littéraires ? Je sais parfaitement que non, et, avec toute ma bonne volonté, je ne puis garder dans ma mémoire aucune des formules savantes qui visent à habiller la vérité. Je vois celle-ci toute nue et il me semble l'entendre crier, plus fort que ne crient tous les sophistes : Ceci est mal et ceci est bien !

On me dit que je me trompe, qu'il est « avec le ciel des accommodements ». Pour moi, si je manque d'une foi vive et tendre, je sens, du moins, au fond de mon âme, une admiration sans bornes pour la doctrine chrétienne et pour la morale de l'Évangile. Tout ce que je lis contre ces divins enseignements en fait plus vivement ressortir la splendeur à mes yeux, et je ne comprends pas que l'on soit chrétien à demi.

Non, je ne comprends pas qu'on puisse

se nourrir des élucubrations de certains romanciers, sans jamais éprouver un mouvement de révolte, quand ils parlent si légèrement des choses de notre foi. Je voudrais faire un recueil des phrases légères, impies, pleines d'ignorances mensongères et d'attaques dissimulées contre nos croyances, qu'il serait si facile de relever chez nos romanciers en vogue, chez ceux mêmes qui passent pour délicats, pour spiritualistes et qu'il ne semble pas permis de signaler comme dangereux. Voilà comment on s'habitue à un courant d'idées tout à fait païennes, comment on perd le tact et le sens chrétien.

Demandez à une lectrice assidue des romans du jour, je ne dis pas même des plus mauvais, demandez-lui si elle a remarqué tel ou tel passage anti-religieux : elle répondra invariablement que cela ne l'a point frappée, qu'elle s'occupait surtout de l'aventure romanesque. Et la chose est très possible. Le poison, pris à petites doses, altère la santé sans qu'on s'en aperçoive, sans qu'on éprouve, en l'avalant, le moindre dégoût.

Enfin j'ai terminé mon compte rendu, je l'ai porté, un matin, à l'imprimerie en traversant le jardin du Luxembourg, tout couvert de neige. Cette neige blanche, immaculée, étincelante au soleil, que l'on voit si rarement à Paris, — car dans les rues, piétinée par les passants, cette robe céleste se change vite en une boue noire, infecte, malsaine, — n'est-ce pas une image du talent avili par ces romanciers parmi lesquels je suis forcé de vivre ? Il leur vient d'en haut, ils le souillent à plaisir dans les boues du sensualisme.

1893.

Je jugeais tous ces romans dans ma naïve honnêteté et, si je m'étais laissée aller à mes impressions, sans ambages ni phrases, je les aurais déclarés, en grande majorité, bons à allumer le feu. Avec ma nature particulière, qui me rend si odieuses toutes ces exagérations d'un sentiment à travers lequel je ne vois que l'attraction de l'instinct, du moins dans la plupart des livres, il m'était très pénible de lire et d'étudier toutes ces vaines combinaisons dont les variétés, en somme, sont si monotones. Quant au sens littéraire, il reste, chez moi, toujours subordonné au sens moral ; je suis si loin de l'art pour l'art, que je ne comprendrai jamais le beau sans le bien ; ou alors, ce serait non pas le beau, mais l'ébranlement et le choc donné au sentiment par l'excès du mal.

D'ailleurs, une de mes grandes souffrances morales, c'est le manque de netteté, ou plutôt l'enchevêtrement voulu du bien et du mal qui caractérise notre époque. Chez les anciens mêmes, ces deux extrêmes étaient tranchés ; maintenant, sous prétexte de la complexité de l'âme humaine, on ne veut plus admettre de scélérats, ni de saints. L'atavisme, qu'on fait remonter jusqu'à la bête sauvage, les lésions du cerveau, la fatalité de certaines lois, excusent tout en fait de vices ; la vertu est une vraie duperie, un autre genre de folie. Et de toutes ces conceptions philosophiques, provoquées par les doctrines de Darwin ou celles des penseurs allemands, est sortie une littérature affadie, sans moralité, sans principes, une psychologie matérialiste et fausse, que je n'aborde jamais sans souffrir. Il me semble qu'on va en sens inverse de mon jugement naturel ; à rebrousse-poil, si l'on peut employer une image aussi vulgaire.

Dans le monde, même encore chrétien, n'en est-il pas ainsi, en beaucoup de cas ? On outre l'esprit de l'Évangile et, par une exagération de charité qui en somme ne coûte guère à certaines gens, on tolère tout, on admet tout. Il n'y a plus cette vigoureuse réprobation de l'opinion publique, ce stigmate infligé par les honnêtes gens aux actions mauvaises, ou lâches, ou déloyales, ou impies. Non ! dans notre siècle de scandales si vite étouffés, si tôt oubliés, il n'y a plus cette honte du mal ou des faiblesses coupables, qui servait si souvent de sauvegarde à ceux qu'un autre frein ne retenait point.

Je viens de lire une étude sur la philosophie de Tolstoï : le rêveur slave vient nous proposer de remplacer la charité, fondée sur l'amour de Dieu, par la charité fondée sur l'amour de l'humanité, et l'espoir d'un bonheur éternel au delà de la vie, par la prétendue certitude du bonheur dans la collectivité qui va se perdre au sein du grand Tout. Eh bien, non ! mieux vaut encore la foi, malgré ses obscurités terribles !

Croit-il que, sans l'amour d'un Être infiniment parfait et désirable, on va aimer les hommes et se dévouer pour ces tristes compagnons de notre misère, aussi misérables que nous, presque toujours la cause de nos souffrances et, au fond, si détestables même pour leurs semblables ? Croit-il qu'on se soucie beaucoup de son éternité, dont l'individu n'aura aucune conscience ? Misère ajoutée à nos misères, que tous ces rêves ! L'homme souffre donc bien, qu'il en est réduit à se débattre sans cesse, au milieu de tant de chimères inventées par son délire.

Tolstoï a de curieuses pages sur l'amour où les sens jouent le principal rôle ; amour égoïste, dit-il, dans lequel il ne trouve que honte, douleur, répulsion naturelle même, et qui, une fois assouvi, ne laisse plus, souvent, qu'une sorte de haine furieuse.

Voilà donc que cet amour tant célébré, tant chanté, se réduit encore à n'être qu'une des plus grandes plaies de l'humanité ! Voilà où en viennent tous ces philosophes, panthéistes, pessimistes, etc., après qu'ils ont accusé l'Évangile ou plutôt l'Église (car, l'Évangile, ils veulent en faire le complice de leurs élucubrations malsaines,) après qu'ils ont accusé l'Église, disons-nous, d'avoir blasphémé et dédaigné l'amour ; après qu'ils ont tant gémi sur la destruction des dieux de la Grèce, à les entendre, si beaux, si joyeux, si secourables pour l'humanité.

Il faut bien avouer que ce mystère de honte et de joie ne peut encore s'expliquer sans l'enseignement religieux, sans la révolte et la chute originelle, et que pour rétablir toutes choses, il faut sanctifier l'amour par la foi, dominer ses sens par l'esprit, retrouver ainsi le véritable amour. C'est ce qu'on ne dit pas assez aux chrétiens.

## L'incendie du Bazar de la Charité.

6 mai 1897.

Quelle épouvantable catastrophe ! Le bazar de la Charité a pris feu, mardi dernier vers 4 heures; les progrès de l'incendie ont surpassé toute idée. Plus de 150 morts sont déjà reconnus, sans compter les blessés. On est plongé dans la stupeur. Hier on courait partout pour s'assurer que les gens de sa connaissance étaient encore en vie. On pleurait presque en les voyant, tant on se sentait ému. Je suis allée un peu partout, comme affolée, me trompant de chemin même dans notre quartier. Tous ces noms, qui forment une si longue liste, on les connaissait : ce sont de grands noms, mais la charité de celles qui les portaient les rendaient populaires.

Pauvres femmes ! quelle mort, quelles angoisses, quelle terreur ! se voir entourée de flammes, emprisonnée, cernée dans la foule, se sentir piétinée, étouffée. Comment Dieu l'a-t-il permis, Dieu notre Père ! Dieu qui promet de bénir les miséricordieux ! Mais n'est-ce point une belle mort, un martyre, un rapide moyen pour obtenir l'éternelle joie ?

Tout Paris est en deuil, on a fermé les grands théâtres hier. Moi j'ai fait ce que je pouvais faire : je devais aller à Orléans aux fêtes de Jeanne d'Arc, je m'étais accordé ce petit voyage de deux jours, je m'en réjouissais ; j'y ai renoncé.

Faudrait-il donc tant la craindre, cette mort à la face hideuse ? Est-ce que les chrétiens ne la voient pas sous un autre aspect ? Est-ce qu'ils n'espèrent pas un monde meilleur ? Est-ce que cette vie, ma vie en particulier, est bien heureuse ? Est-ce que moralement, physiquement, je ne suis point enveloppée de souffrances, de misères, de contrariétés, de dédains ? Est-ce que, pour moi, tout n'est pas impuissance et douleur ? Est-ce que l'âme, si froissée en ce bas monde, peut s'y plaire ? Tout ce qu'elle avait admiré, aimé à son réveil, elle le voit bafoué, vaincu, méconnu par les hommes ! La patrie est aux mains de misérables ambitieux, qui trafiquent de sa gloire comme de ses richesses ; l'intrigue, la trahison, le mensonge vont tête levée, le vice se prend pour la vertu, le mal triomphe partout du bien ! Qu'on lise les journaux, les discours académiques, les livres même les plus sérieux, partout on entend exalter ce qui devrait être déploré ou hautement réprouvé. Nous ne vivons que dans le scandale et nous nous y complaisons !

Je viens de parcourir la vie du C[al] Lavigerie, c'est l'histoire des dernières années de ce siècle ; c'est aussi celle d'une lutte épouvantable entre toutes les idées généreuses, grandes, chrétiennes enfin, et toutes les passions basses, tous les intérêts cupides, toutes les haines sectaires : finalement le mal triomphe ; le juste, l'homme de Dieu meurt à la peine !

Que voyons-nous depuis ? n'est-ce pas pire encore ? L'Église que nous révérons comme notre mère, succombe sur toute la ligne. Le protestantisme, le schisme et la religion de

Mahomet elle-même, semblent plus fortes qu'Elle.

Quand on voit, quand on sait tout cela, comment ne pas désirer s'en aller dans un autre monde, un monde de justice, de charité, un monde d'où les scélérats, les menteurs, les fourbes, les faux docteurs, les lâches, les ambitieux, les charnels seront exclus ? Ils voudraient bien, tous, que ce monde-là n'existe pas ; mais il existe, car tout ce qui est en nous, tout ce que nous sentons de meilleur au fond de nos âmes, le réclame.

## Saint-Denis.

11 juin 1898.

Saint-Denis, la nécropole royale ! Je désirais la revoir. Je l'ai revue avec un profond sentiment de tristesse. L'Angleterre a toujours son Westminster, où elle garde dans la gloire ses souverains et ses grands hommes disparus du théâtre de ce monde. La France a dispersé les cendres de ses souverains, de ses guerriers, de ses héros. Dans un jour de colère, elle a jeté leurs restes à la fosse commune. Et la voix monotone du guide qui trouble le silence de la grande basilique vide, répète cela aux troupeaux d'Anglais touristes. Ces statues couchées ne sont plus que des figures de musée, dont on n'aperçoit les formes qu'en un raccourci désagréable, derrière des barrières ou des grilles.

La mort elle-même semble plus morte ici que partout ailleurs ; elle a une désolation plus grande, elle nous crie mieux encore la vanité de la vie, puisque toute la puissance de ces rois, de ces princes n'a pu assurer la paix de leur tombeau ou le respect de leur souvenir.

Et pourtant peu de races royales, pour ne pas dire aucune, n'ont produit moins de mauvais princes que celle de la maison de France ; aucune n'en a donné au monde de semblables à saint Louis pour les vertus, à Louis XIV pour la magnificence.

Hélas ! le grand temple où ils devraient reposer est pauvre, délabré, pareil à un lieu désert, à une ruine. On n'a rien gagné en en faisant une paroisse. Il reste inhabité par l'hôte divin, qu'on ne peut exposer à l'irrévérence des visites des curieux et du peuple déchristianisé de la petite ville. Saint Denis, le grand patron de la France, dont le nom servit longtemps de cri de guerre et de victoire à nos aïeux, saint Denis notre premier apôtre, reste oublié ! Sa statue décapitée domine encore le portail, mais aucun signe pieux ne marque son autel et les quelques dévotes du quartier n'apportent leurs petits cierges qu'à saint Antoine de Padoue.

FIN

# INDEX



## TABLE DES FRAGMENTS PAR ORDRE DES MATIÈRES

Imp. M.-R. Leroy, 185, rue de Vanves. Paris.

www.ingramcontent.com/pod-product-compliance
Ingram Content Group UK Ltd.
Pitfield, Milton Keynes, MK11 3LW, UK
UKHW021130260726
13994UKWH00001B/80

9 782329 32183